D1664299

REVOLUCIÓN
AUTOPSIA DE UN FRACASO

FERNANDO VILLEGAS

REVOLUCIÓN
AUTOPSIA DE UN FRACASO

AUTOR

FERNANDO VILLEGAS

DISEÑO Y DIAGRAMACIÓN

NICOLÁS PAVEZ IBARRA

nico@almaden.cl

almaden.cl

Ediciones El Villegas

PUBLICADO EN SANTIAGO DE CHILE, MMXXIII

Índice

NUESTRO PROPÓSITO

Escribimos estas líneas sin saber qué circunstancias prevalecerán cuando sean publicadas. Podrían ser de tal naturaleza que el término "revolución" parezca exagerado o ya obsoleto, una ilusión que se desvaneció, mera fantasía de quienes quisieron llevarla a cabo bajo la denominación de "transformaciones profundas". En estos momentos, marzo del 2023, todo indica que los protagonistas de un re-estreno clase B de la revolución francesa, actores *copy-paste* a quienes hemos oído menos perorar que cantinflear, ya habrían vivido la versión criolla del famoso "*Thermidor*"[1], pero esta vez sólo en las urnas electorales y no en las de la funeraria. No hubo guillotina, sino el plebiscito de salida del 4 de septiembre de 2022, el "4-S".

¿Terminó, entonces, la aventura revolucionaria casi en el momento mismo que empezaba, haciendo inútil este libro? ¿Fue, la llegada del progresismo al gobierno, un caso

---

1   "Thermidor"; el día en que Robespierre y su camarilla fueron desalojados del poder y guillotinados, poniéndose así fin al terror y a la revolución.

de "debut y despedida"? ¿No tiene el mandato de Boric otro destino que transitar a los tumbos por el camino de la mala administración y gestión? ¿Verán, los tratadistas del futuro, este intento de "transformaciones profundas" como una mera explosión generacional, un carnaval adolescente, estridente y algo tonto incapaz de nada salvo manifestar en el espacio público anhelos, emociones, aspiraciones e idiotismos de folletín y panfleto?

Puede ser, pero la historia está repleta de fluctuaciones que van desde un glorioso intento de salto al Cielo convertido en mero asalto a la caja registradora del Estado, pero también vice-versa. Eso hace inevitable que en libros basados en el examen de acontecimientos muy recientes tal vez haya una brecha entre texto y realidad, estando ausentes eventos importantes pero completamente imprevisibles al momento de escribirse u otros previsibles, pero cuyas consecuencias, complejas y múltiples, era imposible rastrear. Si, por ejemplo, de un día para otro estalla una nueva guerra en el mundo sumándose a la que se libra entre Ucrania y Rusia, todas las variables y todas las constantes que permiten siquiera un mínimo de análisis enloquecerán caóticamente dando lugar a situaciones impensadas e indescriptibles que quizás harían de este libro una curiosidad irrelevante. De esa abrupta e intermitente aparición de la historia en "modo convulsivo" nos dio lección, en escala local, el período que se inició en octubre del 2019 con gran sorpresa de todos, menos de sus organizadores. En escala mundial, la guerra ruso-ucraniana.

Debido a eso "Revolución" no sólo NO ES un libro de historia, sino tampoco pretende hacer futurología; no hay en su texto una crónica día a día o siquiera semana a semana de los acontecimientos, como tampoco pronósticos y advertencias de lo que sucederá. Su propósito es estudiar lo ocurrido en el primer año del gobierno de Boric con un enfoque más cercano a la sociología que a la crónica; se concentra menos en los esfuerzos y peripecias diarias de Boric y su coalición que en la composición social y mental del personal de la Convención Constitucional y del gobierno, así como también de la fuente ideológica y mitológica que originó las retóricas y prédicas tanto de ellos como del progresismo en general. Esto último se examinará con más detalle en la segunda parte, donde haremos una anatomía de los prejuicios y "memes" que están en la raíz de ese pensamiento. Repetimos: este no es un libro de historia que registre el pasado ni una carta astrológica que prediga el futuro; de lo último sólo cabe especular o adivinar y de eso encontrarán detalles en el capítulo llamado "futuribles".

...PERO ES QUESO...

PESE A TODAS ESAS ACOTACIONES y limitaciones y sea lo que sea ocurra desde marzo de 2023 en adelante, más todavía, aunque lo ya experimentado hasta ahora se evapore como un mal sueño, insistimos en que mientras duró y quizás aun dure este ha sido un proceso revolucionario en todo el sentido de la palabra, un forcejeo político, electoral, constitucional, comunicacional y callejero por derribar el modelo "neo-liberal". De ese esfuerzo y sus principios ideológicos trata "Revolución", siendo entonces la continuación de "Insurrección" , libro en el que analizamos el violento prólogo que los políticos de todos los sectores y la prensa mañosamente bautizaron como "estallido social". Sólo muy recientemente se ha hecho claro que fue un evento organizado con el propósito de desequilibrar el orden social, hacerlo tambalear, debilitarlo gravemente y echar abajo al gobierno, propósito este último que se intentó pidiéndole a Sergio Micco, ex director del INDH, que difundiera una colosal mentira con el fin de legitimar una algarada popular contra La Moneda y su ocupante de ese entonces, Sebastián Piñera. De ese modo quisieron instalar el escenario y las condiciones para hacer posible el verdadero propósito del "estallido", que no era protestar sino la demolición completa del orden institucional imperante en Chile, del "modelo neo-liberal". Casi lo lograron y quizás puedan aun lograrlo.

"Revolución" es entonces un intento de estudio sociológico y psicológico del "día después" de ese tan oportuno "estallido". El "día después" incluye dos materias tratadas por separado en las dos partes de que consta este libro. En la primera, "Los Hechos", examinaremos no la crónica sino lo más significativo del período entre el 11 de marzo de 2022 y el 11 de marzo del 2023, cuando la revolución intentó tomar forma en su aspecto institucional. Se incorporan también algunas de las situaciones que originaron esa iniciativa y luego las que la llevaron a un rápido deterioro y al desplome de la reputación del gobierno. Examinaremos el trasfondo del arribo al poder de un grupo de cuasi adolescentes y de ancianos en su segunda infancia política, las causas de tan extravagante fenómeno, muchas de las cuales se remontan a la época del gobierno militar. Si bien ninguno de nuestros jóvenes gobernantes había nacido en esa época, en subsidio ingurgitaron hasta el último sorbo la narrativa oficial de la izquierda respecto a ese período. Veremos también de qué cariz fue la "épica" revolucionaria" de la convención constitucional y el espectáculo dado por un gobierno tan incapaz de gobernar como de "hacer la revolución". En cuanto a lo que suceda desde marzo del 2023 en adelante, especularemos acerca de algunos de los desenlaces posibles y quizás probables. Lo haremos en un capítulo titulado "Futuribles".

En la segunda parte, "Los Dichos", examinaremos la base conceptual, sentimental y doctrinaria de la revolución, las ideas -o falta de ellas- que lo inspiran, el evangelio progresista que en sus diversas manifestaciones se ha venido desarrollando desde hace años y ha literalmente intoxicado al menos a dos generaciones.

PARTE I

LOS HECHOS

LA RAÍZ Y EL FRUTO

EL 11 DE MARZO DE 2022 los ciudadanos adheridos a la causa progresista creyeron se iniciaba una nueva y brillante historia. Personeros de dicha sensibilidad inclinados al lirismo llegaron a declamar, con sus ojos arrasados por lágrimas de júbilo, que Chile despertaba y salía de un largo y oscuro túnel lleno de injusticias para desembocar en un luminoso paraje repleto de promesas. Fue el día cuando el Tricel (Tribunal Calificador de Elecciones), proclamó oficialmente a Gabriel Boric Font como presidente de Chile. Ese comienzo, sin embargo, fue en realidad una consumación, la apoteosis de una historia iniciada mucho antes, el capítulo final y triunfal de un proceso político e ideológico de muchos "años de lucha". El entusiasmado e ilusionado arribo de Boric y su coalición de izquierda, "Apruebo Dignidad", conformada por el partido Comunista y el Frente Amplio, a la remuneradora maquinaria del Estado, premió no simplemente los esfuerzos y pujos de esa exaltada y ruidosa generación, sino un largo y paciente trabajo que se remonta lejos en el tiempo; fue no sólo el triunfo del proceso insurreccional que examinamos en "Insurrección", sino de décadas de progresiva infiltración de la izquierda en el aparato institucional de los tres poderes del Estado, en la Justicia y el Ministerio de Educación, en colegios y universidades, en la radio y televisión, en los gremios, en la prensa escrita, en la cultura, la literatura, las conversaciones, las conciencias juveniles —siempre disponibles para "nuevas ideas" y narrativas gloriosas— y también en los púlpitos, donde frailes progresistas y a la moda le hicieron contrapeso a curas cochinos y pedófilos. Sería esa infiltración masiva y duradera la que creó las bases psicológicas de la gradual dominación del discurso progresista hasta que alcanzara aplastante hegemonía y consiguiera una victoria electoral.

Ese proceso de dominación basado en representaciones mentales y emocionales —que serán examinadas con más detalle en la II parte de este libro, "Dichos"— se desarrolló por etapas. Al principio sus contenidos eran limitados, indefinidos, invisibles y casi mudos, pero finalmente salieron a la luz en la forma de una compleja red de conceptos y convocatorias relativas no sólo a la política sino a toda clase de temas alimentándose, apoyándose y promoviéndose entre sí. Esa entidad ideológica-religiosa encontró su más entusiasta feligresía en las generaciones nacidas desde 1980 en adelante. Eventualmente daría lugar a un *tsunami* psicológico que sólo ahora, comienzos del 2023, da muestras de agotamiento, deterioro y declinación; el discurso políticamente correcto aun predomina, pero está ya entrando en esa fase de delirante y febril exageración y talibanismo que anuncia su pronto deceso.

Muchas aunque no todas las semillas o "memes" de ese discurso, las cuales eventualmente caerían y madurarían en las receptivas y candorosas mentes de las Vallejo, los Boric, los Jackson, etc, las sembró el régimen militar y/o fueron sembradas durante en ese período. Se limitaron, en ese tiempo y por décadas, antes que las Vallejo y los Boric nacieran, a una floración puramente verbal y balbuceante, a tímidos repudios del régimen, a reproches y sátiras en sordina como ocurría en las obras de teatro que ocasionalmente presentaba la compañía Ictus, a estridentes escándalos "progres" de poetas homosexuales y a alusiones casi ininteligibles de algunos humoristas, pero ya en las postrimerías del régimen militar los disidentes se atrevieron a manifestarse más sonoramente, aunque todavía con una cautela bordeando el disimulo y un disimulo en la frontera de la cobardía. Sólo con el deceso del régimen militar y el advenimiento de Patricio Aylwin esos pinitos repletos de timidez y sobresaltos se convirtieron en declamaciones voceadas vigorosa y triunfalmente, para, al final, transformarse en la versión oficial de la historia.

Esa versión oficial de la historia que alimentó sin contrapeso los cerebros de Boric, de su troupe de amigos y camaradas y de dos generaciones de chilenos, es una narrativa maniquea de principio a fin, un arca de Noé donde la izquierda embarcó todas sus mitologías para rescatarlas del diluvio de su fracaso universal. En ella las fuerzas armadas aparecen asumiendo el rol de los malos de la película, de villanos, asesinos y torturadores desalmados, mientras a su vez las izquierdas y las huestes del allendismo encarnan el Bien en calidad de gloriosas víctimas y mártires. Como complemento o anexo se tejió una interpretación piadosa —aunque ahora deslegitimada por el Frente Amplio— de la llegada al poder de Aylwin y de la coalición formada para elegirlo, la Concertación. En su tiempo se les adjudicó el papel de rescatadores de la democracia, de hadas madrinas devolviéndole a Chile los encantos del republicanismo y la libertad. Aunque el propio Aylwin fue una de las voces cantantes que en 1973 literalmente firmaron el acta de defunción del gobierno de Allende y el certificado de nacimiento del régimen militar, ese detalle fue oportunamente olvidado. No estaban los tiempos de la "recuperación de la democracia" para esas fastidiosas minucias. En el relato edificante y aun vigente en el espíritu de las envejecidas huestes de esos años, como también en las de hoy, el régimen de Pinochet cumplió el papel que siempre existe en los relatos maniqueos como contraparte del "Bien", a saber, el de la "fuerza oscura". El pinochetismo fue descrito y sigue siéndolo como un esperpento político de brutalidad monstruosa, sin justificación, sin razón, sin legitimación ninguna, un exabrupto histórico sin vinculación con los procesos sociales y políticos que lo precedieron. En el seno de esa historia Aylwin cumplió perfectamente con la parte que el guión exigía; oportunamente y con lágrimas en los ojos pidió perdón, a nombre del Estado, por los crímenes cometidos.

Luego comenzaron a escribirse capítulos adicionales. Se redactó el de la reparación debida a las víctimas y el del castigo merecido de los victimarios. Para esto último se iniciaron innumerables procesos judiciales contra oficiales de las FF.AA, mientras, para satisfacer lo primero, se otorgaron compensaciones económicas para los exiliados, incluyendo indemnizaciones a beneficio de mártires de menor cuantía, como lo son los ciudadanos cuyos apremios ilegítimos consistieron en haber sido despedidos de sus cargos en la administración pública durante los años inaugurales del régimen de Pinochet. Mientras tanto en la búsqueda y conmemoración de los desaparecidos se hicieron toda clase de indagatorias, se excavaron tumbas, se exhumaron restos, se escribieron libros, se filmaron películas, se celebraron misas y se inauguraron museos. Ante ese alud de culpas y reproches, el mundo militar agachó cabeza. Sus mandos superiores dijeron "nunca más" y se cuadraron ante las flamantes autoridades civiles. Si tenían otros comentarios se cuidaron de hacerlos sólo en la intimidad de sus hogares y en la privacidad de sus cuarteles, en sus convivencias y en sus casinos. Difícil, acaso imposible, discriminar la proporción entre quienes sinceramente aceptaron culpabilidades y arrepentimientos y quienes las fingieron.

El resultado fue la consolidación de una mirada oficial que no sólo etiquetó a las instituciones armadas como enemigas del pueblo, la democracia, los derechos humanos, las izquierdas y el progreso, sino además esparció las sospechas y el fastidio y la culpa hacia las clases altas en general, la "derecha" y la entera institucionalidad del sistema, hacia todo eso que hoy sus perseguidores y demoledores llaman "el modelo neo-liberal".

Tal es la raíz psicológica y política del arribo de Boric y su elenco a La Moneda y del previo triunfo de una mayoría de izquierda y otras "sensibilidades" progre-

sistas en la cámara de diputados, la razón por la cual
esa mirada prolifera en los medios de comunicación y
la causa de la abundancia de posturas comunistas o cercanas a esa colectividad incluso en jóvenes de clase alta,
quienes consideran a sus padres "cómplices pasivos". Esa
raíz psicológica floreció en todos los ámbitos posibles
del espectro ideológico y valórico, cuyo contenido estudiaremos en la segunda parte de este libro. El resultado
neto fue una transformación masiva del alma nacional
casi a nivel del consenso y con un poderío hoy olvidado.
Esa presencia ideológica sigue vigente en el espíritu de
sus activistas y apóstoles, pero no ya en el de la nación,
donde se está desintegrando, deterioro que ha sido en
buena parte resultado de la incompetencia del gobierno
de Boric y de lo que se vio durante el lapso de vida de la
Convención Constitucional. Fue la vigencia de esa alma,
ahora en acelerada declinación, lo que explica cómo y
porqué, pese a las masivas mejoras en el estándar de vida
de la población durante el período de la Concertación e
indiscutida vigencia del "modelo neo-liberal", pese a los
nuevos bienes que estuvieron disponibles para estratos
crecientes de la ciudadanía, pese a todo eso Gabriel Boric y sus partidarios, armados de las más inconsistentes,
difusas y vagas ideas, pudieron ese 11 de marzo iniciar
su proceso revolucionario.

PERO ¿ES, FUE UNA REVOLUCIÓN?

Pero, ¿es en verdad una revolución lo que hemos obser-
vado y seguimos observando, aunque ya en franco re-
troceso y quizás derrotada? ¿Es o fue un hecho? Este

libro se titula "Revolución" porque así lo consideramos, pero es preciso probarlo. Aun hoy, pese a todo lo experimentado en los últimos años, no pocos ciudadanos se obstinan en rechazar la idea que lo vivido en Chile sea una revolución o siquiera un intento de ella e insisten que se trata "simplemente de la expresión de las demandas ciudadanas acumuladas por treinta años de creciente desigualdad".

La evidencia de que fue y/o sigue siendo una revolución es contundente:

1.– Es un HECHO que existe un grupo de ciudadanos de determinados partidos, movimientos y agrupaciones políticas que, apoyados por una parte del país, expresamente manifiestan en sus decires, en su voluntad, sus decisiones, sus actos y en sus documentos la pretensión de transformar por completo el ensamblaje institucional demoliendo el que hoy existe, el "modelo neo-liberal".

2.– Es un HECHO que el grupo alimentado por dicha doctrina llegó al poder el 11 de marzo de 2022 y lo hizo con el propósito de poner en práctica ese ideario, hoy aun vigente, aunque en vistas del desastre del 4 de setiembre de 2022 ahora intentan llevarlo a cabo en "cámara lenta".

3.– Es un HECHO que ese intento masivo, el cual compromete la existencia del entero aparato institucional, costumbres, valores, territorio, justicia, etc, del país se manifestó clara y desnudamente en la proposición constitucional de la Convención, a la cual el propio gobierno consideró un instrumento absolutamente necesario para cumplir su programa, lo que equivale a decir que dicha proposición y su programa coincidían.

4.– Es un HECHO que ya instalados en el gobierno y con frecuencia los titulares del poder reiteran su intención de "sepultar" el modelo neo-liberal.

La suma de esos hechos ES UNA REVOLUCIÓN. Son los elementos definitorios de una revolución. SON la revolución. Revolucionarios que con una doctrina revolucionaria ponen o intentan poner en práctica un programa de esa clase están iniciando una REVOLUCIÓN. ¿Por qué entonces hay quienes pretenden negar esos evidentes y contundentes HECHOS?

LOS NEGADORES

Los "negadores" porfiados de un fenómeno suelen ser las más convincentes pruebas de su existencia. Niegan precisamente porque existe o no sería necesario ocuparse en negarlo. Lo hacen porque lo temen y desearían que no existiera. No hay mayor ceguera de la de quien no quiere ver lo que en su fuero interno reconoce como real, desagradable y/o peligroso. Otros lo niegan porque tienen una concepción cinematográfica de una revolución; la imaginan como un proceso melodramático con guillotinas y asaltos a la Bastilla. No habiendo ni guillotinas ni Bastillas, no hay entonces revolución. Finalmente hay quienes tienen un interés creado en negarla precisamente porque desean promoverla y una manera de hacerlo es disimularla tras el ropaje semántico de los "cambios profundos" o de la "lucha por la equidad".

Negarla es un acto facilitado por el simple hecho de que una revolución no es un proceso súbito y diariamente vistoso, un evento que dramáticamente se aparte de la rutina y eche estrepitosamente abajo los decorados de la vida diaria. Sólo algunos de sus episodios lo son. Las revoluciones se desarrollan por pasos sucesivos a veces imperceptibles y configurando escenarios sólo ligeramente diferentes cada vez, dando así tiempo para la costumbre y el olvido. Sólo ocasionalmente sucede algo chocante, memorable. El 11 de marzo, cuando se proclamó a Boric, fue un día precedido no por un asalto a la Bastilla sino por una fase preparatoria de años, etapa que era también la revolución pero invisible porque se presentó como otra cosa de lo que era; se presentó como modernidad, como "ponerse al día", como asumir nuevos valores, como deshacerse de los lastres y antiguallas de la cultura tradicional, como reformas necesarias, como "transparencia", como "empoderar a la ciudadanía", etc, etc. El no percatarse de lo que se viene no es insólito sino normal; el día antes del 18 de octubre de 2019, fecha inaugural de la insurrección, no hubo ningún ciudadano que siquiera imaginara posible todo lo que estaba por ocurrir y desencadenarse. Lo que se vió por mucho tiempo fue una fachada, el "debate valórico", discusiones que parecieron ajenas y lejanas al tinglado institucional. Esas polémicas fueron posibles y motivadas por la desazón e insatisfacción ante lo logrado y/o frustración ante lo que faltaba por lograr; por esa razón a esa refriega cultural se incorporaron las generaciones para quienes lo ya conseguido era natural porque se criaron ya en ellas y por tanto no se celebraba ni agradecía, sino todo era considerado "insuficiente". En su inquietud, tedio y a veces hartazgo, muchos jóvenes estuvieron disponibles para absorber una doctrina de salvación, una agenda que los arrancara de sus vidas ofreciéndoles una "épica".

En esa condición anímica estaban los Boric, los Jackson y todos los demás, quienes, en medio de ese clima de desazón, insatisfacción y frustración, se encaramaron a los estrados de colegios y universidades y discutieron temas "valóricos" como el derecho al divorcio y la legitimidad de la homosexualidad, fogueándose así para lo que vendría más tarde. Esos temas y otros similares, cualquiera haya sido su sustancia y relevancia, operaron como vehículos para llevar a esa generación al convencimiento de que el entero modelo social debía ser demolido. De ese modo, oscuramente, inconscientemente, se preparó la revolución. Se vivió, en esos años desde más o menos 1990 a 2010, lo que Crane Brinton[2] llamó los "pródromos".

Pocos lo vieron de ese modo. Predominó una miopía cobijada en el deseo de que todo siguiera igual y nada perturbara la tranquila rutina de los años de la Concertación. O simplemente hubo miedo. Aun a la etapa insurreccional no se la quiso ver en su auténtica naturaleza. Hasta el día de hoy impera el uso de la expresión "estallido social" porque parece algo menos grave o peligroso que "insurrección".

---

2   en "*Anatomy of Revolution*".

LA NUEVA ÉLITE

El 11 de marzo de 2022 no sólo accedió al poder un activista político-estudiantil llamado Gabriel Boric convencido de que el país, el planeta y la galaxia eran como los definían los folletos que alimentaron su alma, sino además lo hizo buena parte del personal de su coalición conformada por los comunistas y una heterogénea colección de "sensibilidades" llamada Frente Amplio. No serían todos. También llegaron a Palacio y a sus alrededores una nutrida horda de candidatos a "servidores públicos" conformada por los amigotes y camaradas de lucha de Boric, —su círculo más íntimo se auto denomina la "mafia de Memphis"— y por algunos viejos carcamales de la izquierda tradicional, quienes al comienzo serían situados en un "círculo concéntrico" más bien lejano; a ellos se sumaron ciudadanos y sobre todo ciudadanas para justificar lo de la "paridad de género" y sin otro mérito que su juventud y su condición de "luchadores sociales" de períodos recientes, ya fuese como dirigentes estudiantiles de la Era Pingüina o dirigentes gremiales de la Era Piñera, "actores sociales", feligresas del progresismo de la prensa premiados con cargos en TVN y un ilustre y numeroso grupo de desconocidos cuyo mérito era y es ser progresistas en todos los ámbitos de la vida no por el uso de la razón sino por esa pereza espiritual que mantiene vigentes actitudes y posturas heredadas de la adolescencia, la clase de personas que con orgullo dicen "yo siempre he sido de izquierda". Como *background* podrían agregarse, haciendo el papel de "extras en acción", a luminarias de la televisión, la radio, el teatro y el entertainment, a bataclanas, coristas y mimos, a publicistas, gacetilleros, poetastros y en suma el entero batallón de los "intelectuales de izquierda". Todos llegaron a ser o aspiran ser miembros de la nueva élite del poder.

Al momento de escribirse estas líneas, de ese variopinto conglomerado aspirando servir a la revolución o a las transformaciones profundas más de cinco mil ya se habían incorporado acomodo en la administración pública. El proceso no se ha detenido. Especialmente importante es el arribo más o menos sigiloso y discreto de miembros del partido Comunista a muchos cargos de importancia. Una subsecretaría presenta grandes ventajas respecto al rango más elevado de Ministro; es puesto menos visible, menos notorio y concentra en sus manos el manejo diario, cotidiano, de los ministerios.

Esta nueva "élite del poder" ocupa no sólo todas las posiciones de importancia del Estado, sino también de entidades relacionadas con el Estado como TVN, Codelco, ENAP y muchas más. Infinidad de sujetos de menor calibre ocupan también, en calidad de famélica horda en busca de ingresos, un sinnúmero de cargos oscuros asociados a ninguna tarea pero bien pagados, confortables y ojalá duraderos. El botín es inmenso y suculento. No es primera vez que la administración pública ha sido aprovechada por cada sucesivo gobierno para instalar a su gente, pagar favores, asegurarse lealtades y beneficiar a sus amigos y camaradas, pero en este caso la invasión y/o asalto a los recursos del fisco no sólo es más nutrida, sino además se trata de gente que no viene simplemente a forrarse los bolsillos —lo que harán también— sino principalmente a transformar la naturaleza de ese Estado.

DEMOLEDORES AL POR MAYOR

Ese propósito, transformar la naturaleza del Estado, es un elemento fundamental de la agenda "progresista" que algunos opositores del gobierno aun no entienden o no quieren entender. Esta flamante élite no es simplemente un grupo de nuevos —e inexpertos— administradores a quienes se les pueden reprochar sus omisiones y meteduras de pata. Los camaradas de barba y bigote y las damas de desaforado feminismo que Boric encaramó al poder no llegaron a "administrar" cumpliendo con las tareas, con los deberes y normas habituales de los gobernantes, no llegaron a cumplir "funciones" como algunos ingenuos les demandan que hagan y aun esperan de ellos; estas personas llegaron al Estado con el mismo afán con que una cuadrilla de demolición llega a un edificio en busca de los puntos donde hay que poner las cargas de dinamita; estos funcionarios llegaron no sólo a forrarse los bolsillos con remuneraciones suculentas sino a derribar el edificio que por ahora ocupan, a trasformar sus funciones, a eliminarlas. No otra es la tarea de los "asesores" comunistas que Maya Fernández puso en el ministerio de defensa, la de los colocados en el ministerio de Educación, los ubicados en Interior, etc.

Fastidioso por repetitivo sería examinar el *who's who* de cada uno de los miembros de la entera cohorte de esta nueva élite, el perfil psicológico e ideológico de cada uno de ellos. Basta hacerlo con uno porque los miembros de esta tribu son tan similares como si fueran hechos a máquina, en serie, al por mayor. Son iguales en sus modo de vestir, de hablar, en los eslóganes que repiten, en las posturas que tienen, la música que escuchan, las "ideas" que se hacen del mundo, en sus gustos, en su estética y cosmética. Es suficiente entonces examinar el currículum de su figura más destacada, del líder supremo, del "elegido", de la principal figura del movimiento, del Presidente de la República.

Gabriel Boric nació el 11 de febrero de 1986, en Punta Arenas, hijo de Luis Javier Boric Scarpa y María Soledad Font Aguilera. Entre 1991 y 2003 cursó educación básica y media en The British School de Punta Arenas y entre los años 1999 y 2000 participó en la refundación de la Federación de Estudiantes Secundarios de la ciudad de Punta Arenas. En 2004 se trasladó a Santiago e ingresó a la carrera de Derecho en la Universidad de Chile, carrera de la que sólo es egresado, porque no se tituló. Prefirió, el 2008, ingresar al "colectivo" Izquierda Autónoma y ser electo consejero de la Federación de Estudiantes de la Universidad de Chile. En 2009 fue elegido presidente del Centro de Estudiantes de Derecho de la Universidad de Chile. Entre los años 2010 y 2011 se desempeñó como senador universitario de la Universidad de Chile .

Durante 2012, tras el triunfo de la lista "Creamos Izquierda", asumió como presidente de la Fech. Durante su gestión lideró el movimiento estudiantil que comenzó en el año 2011 y fue uno de los Voceros de la Confederación de Estudiantes de Chile. En las elecciones parlamentarias de noviembre de 2013 presentó su candidatura independiente, fuera de pacto, por el Distrito N° 60, Región de Magallanes, por el periodo 2014-2018, logrando la primera mayoría. En enero de 2017 participó en la fundación del Frente Amplio y en noviembre presentó su candidatura a diputado por el nuevo 28° Distrito, Región de Magallanes, como candidato independiente, en cupo del Partido Humanista, dentro del pacto Frente Amplio, por el periodo 2018-2022. Logró nuevamente la primera mayoría distrital y la segunda mayoría nacional .

El 29 de mayo de 2019, participó en la fundación del Partido Convergencia Social[y el 15 de noviembre de 2019, tras el "estallido social", participó en la firma del "Acuerdo por la Paz Social y la Nueva Constitución", que dio inicio al proceso constituyente en Chile].

El 17 de marzo de 2021 el Partido Convergencia Social lo proclamó como su candidato a la presidencia de la República y posteriormente fue proclamado como candidato de distintos partidos del Frente Amplio e inscribió su candidatura a las Primarias del Pacto "Apruebo Dignidad".

En las Elecciones Primarias del 18 de julio de 2021 se impuso al candidato del Partido Comunista de Chile, Daniel Jadue, con lo cual fue nominado candidato presidencial del Pacto "Apruebo Dignidad" para las Elecciones Presidenciales de noviembre de 2021. En la segunda vuelta presidencial, celebrada el 19 de diciembre de 2021 obtuvo la primera mayoría con 4.620.671 votos, equivalente al 55,87% del total de sufragios válidamente emitidos], siendo electo como Presidente de la República.

CARRERA TÍPICA

La biografía de Boric es la quinta esencia del currículum de los políticos de izquierda en general y de quienes lo acompañan en La Moneda en particular. Carreras similares pueden encontrarse, a veces casi calcadas, en los antecedentes –o tal vez debiéramos decir prontuarios– de cada uno de los miembros de la nueva élite. Espoleados por una inextinguible ambición y alimentados por una ya extinguida ideología, los más exitosos y/o astutos de ellos han ocupado un cargo de dirigencia tras otro, empezando por los estudiantiles y terminando con los de relevancia nacional. El expediente clásico de estos personajes es siempre el mismo: parten en organizaciones gremiales escolares, donde se "foguean"; luego, si lo hacen bien o tienen buena facha, trepan y ocupan posiciones de nivel local en municipios, gremios y colegios profesionales; finalmente, si hay suerte, se hacen notorios a nivel nacional ya sea en calidad de dirigentes de partidos u organizaciones sindicales de peso, en el Congreso, en las dos o tres más importantes municipalidades y eventualmente, como Boric, en La Moneda.

En esa trayectoria típica destacan los siguientes seis elementos cuya existencia se puede comprobar examinando la carrera de cualquiera de ellos:

1.– En sus años de estudiantes no desplegaron ningún interés por los estudios, ninguno en absoluto, pero sí una incansable y permanente ambición por el poder en cualquiera de sus formas, de manera que su formación académica suele ser igual a CERO.

2.– El contacto con la realidad del trabajo –y no meramente hablar de los "trabajadores"– de esta clase de individuos (as), quienes rara vez o nunca han sido empleados por otros y/o rara vez han ejercido realmente la pega porque son "dirigentes", es igual a CERO.

3.– Su experiencia como partes de una estructura privada en la que es preciso obedecer órdenes y darlas, cumplir con disciplinas y con metas, es igual a CERO.

4.– Han vivido toda su vida financiados por terceros; primero por sus padres, luego a veces profitando de becas, en otras ocasiones han sido beneficiados con pegas públicas en las que no mueven un dedo o han vivido de donaciones de organizaciones internacionales o platas del partido; debido a eso el conocimiento real y práctico que poseen acerca de qué significa hacer un esfuerzo para ganarse el pan de cada día y mantener una familia es igual a CERO.

5.– Como es notorio con sólo interrogarlos y/o escucharlos, ignoran del modo más exhaustivo los principios de la economía. Jamás han estudiado seriamente ese tema y en verdad ningún otro que sea algo más arduo que el manejo de los clichés de la retórica "humanista". Su ignorancia de las ciencias exactas es completo y su conocimiento de las "ciencias humanas" es de pacotilla. Son, por lo general, mentalmente fláccidos e indisciplinados, sustituyendo la inteligencia por la astucia y un descarado cantinfleo. Es así porque en el ejercicio de su desempeño como políticos les basta la repetición de eslóganes, lo que debilita y finalmente anula cualquier intelecto. En síntesis, su conocimiento y práctica de disciplinas intelectuales rigurosas es igual a CERO.

6.– Por esa razón sus destrezas intelectuales, como lo revelan sus escritos y sus dichos, son sólo medianas la mayor parte de las veces y en no pocas aun inferiores a eso. Dicha carencia la disimulan con las pericias sociales, verbales y de intriga que se requieren en la incesante lucha por el poder. En consecuencia, la capacidad promedio de esta clase de políticos para ir algo más allá del ABC de los problemas es igual a CERO.

Lo que esta hornada "renovadora" de la política posee en abundancia, a veces en grado superlativo, es la inclinación a la demagogia, aunque "Demagogia" tal vez sea concepto en exceso elevado para calificar las *perfomances* de estos practicantes del oficio. Quizás el término "cantinfleo" describe más exactamente sus presentaciones oratorias. De eso Boric ha dado innumerables ejemplos, pero no es el único. Su perfomance es sólo una variante de un estilo colectivo, de una subcultura verbal bastante antigua, ya marchita. También está presente en la señora Tohá, la señora Siches, la señora Vallejo, el señor Jackson, el señor Monsalves, la señora Uriarte, la señora Provoste e innumerables personajes similares. Dicho cantinfleo lo ejercitan mediante la manipulación incansable de las palabras y los lugares comunes que están de moda y son de uso corriente en su sector. Los incrustan en sus discursos o sentencias en reemplazo del pensamiento y debido a eso sus procesos mentales no consisten sino en una perpetua rumiación de formulismos que jamás examinan en su significado. Los estudiaremos en la segunda parte de este libro. Cualquiera de los miembros de esta nueva élite podría servir de ejemplo tan bueno como Boric. Todos los progresistas de ambos sexos —¡ojo con la "paridad de género"!— que repletaron el Estado y muy en especial la clase de miembros que llegó a tener la Convención constitucional operan mentalmente del mismo modo.

LA CONVENCIÓN

Wikipedia describe así, en el inicio de su nota, al órgano que surgió del llamado "plebiscito de entrada":

> "La Convención Constitucional" fue el órgano constituyente derivado de la República de Chile encargado de redactar una nueva Constitución Política de la República luego del plebiscito nacional realizado en octubre de 2020, y cuya propuesta fue rechazada por la ciudadanía mediante un referéndum realizado el 4 de septiembre de 2022. Su creación y regulación fueron efectuados a través de la ley 21200, publicada el 24 de diciembre de 2019, que reformó la Constitución Política de la República para incluir el proceso de redacción de una nueva constitución. Comenzó su funcionamiento el 4 de julio de 2021 y operó inicialmente por nueve meses, pero tras una única prórroga de tres meses —activada de manera formal por el organismo el 22 de marzo de 2022— su duración se extendió por un año. Finalizó sus funciones y se declaró disuelta el 4 de julio de 2022..."

El artículo de Wikipedia acerca de este organismo es
bastante extenso y detallado en cuanto a su estructura,
atribuciones, fechas, presidencias, etc, pero no toca el
hecho central que la definió y se manifestaría desde un
comienzo, a saber, su contenido, el talante de su membrecía, su espíritu colectivo predominante, todo lo cual
se hizo público en los ceremoniales mismos que inauguraron sus sesiones y más tarde en el lenguaje de sus presidencias y de la gran mayoría de los 154 convencionales,
al menos 3/4 de ellos pertenecientes a listas de izquierda.
Eso, la configuración intelectual, las aspiraciones, la mirada de los convencionales de ese sector fueron el hecho
central que definió la Convención. La abrumadora mayoría de sus miembros no tenían como propósito construir "la casa de Chile", sino demoler la que hay. Debido
a eso predominó NO el espíritu que justificaba la existencia de ese transitorio organismo, esto es, la búsqueda
de una suerte de consenso en cuanto a las reglas que deberían regir la convivencia de la nación, sino un "progresismo" llevado a extremos de delirio, un enfoque secta-
rio, dogmático, rabioso, conflictivo y extravagante en su
fondo y en su forma y que eventualmente condenaría su
obra al fracaso. Una docena o más de grupos, grupúscu-
los, conventículos, sectas y pandillas llegaron con la idea
demencial de imponerle a todo el país SUS ideas, SUS
intereses, SU visión del país, SUS concepciones raciales,
SUS resentimientos, SUS fantasías infantiles.

¿Cómo se pudo llegar a eso? ¿Cómo ocurrió que la nación diera tribuna y poder a un grupo con tal grado de
desatino? Es un hecho inédito. En efecto, si se examinan
los antecedentes biográficos de la totalidad del personal
de la política chilena desde la Junta de Gobierno de 1810

hasta el presente, esto es, si se escudriñan los antecedentes de los miembros de los innumerables.

Congresos desde el primero hasta el penúltimo, si hurgamos en el perfil de cada uno de los presidentes que llegaron a La Moneda y en el de todos los ciudadanos que alguna vez hayan recorrido los pasillos del poder, si echamos una mirada al personal de organizaciones e instituciones políticas de cada período de nuestra historia, si observamos la composición humana de cada una de las comisiones y agrupaciones que en su momento redactaron las sucesivas constituciones que se ha dado el país, si hacemos todo eso verificaremos que NUNCA ANTES se vieron tales alardes de extraordinaria arrogancia, tan cerrado sectarismo, tan cerril fanatismo, tal fenomenal distancia respecto al ánimo y sentimiento de la ciudadanía, tantas y tan severas muestra de deficiencia intelectual.

Dicha deficiencia y su funesto acompañante, el delirio ideológico, alcanzó en algunos miembros de ese conglomerado progresista niveles de caricatura, pero nunca dichas caricaturas estuvieron muy lejanas del promedio espiritual y programático de la membrecía de ese grupo en su conjunto. Aunque no todas las damas se disfrazaron de nativos como lo hizo la señora Loncón, quien ha convertido en un oficio y en una virtud su procedencia étnica, mientras por otra parte no todos los caballeros eran como Rojas Vade, mentiroso en serie y profesional de los tumultos callejeros y de la victimización histriónica, la distancia que media entre ambos personajes y sus "compañeros de lucha" fue sólo académica, de barniz, de apariencia, de un más o un menos de notoriedad mediática, pero no de esencia.

Esa membrecía ululante y arrogante distó años luz de la condición de la que a menudo alardearon, la de ser "representantes del pueblo"; menos aun coincidieron o siquiera se acercaron al afán o esperanza que el país se hizo —o al menos su ciudadanía más cándida— en el sentido de que la tarea de la Convención era edificar la "casa de Chile", razón de ser del proyecto, su legitimación política y psicológica. Al contrario, esa mayoría ultra progresista fue representativa sólo de sectas diminutas, de "sensibilidades" étnicas décimonónicas y minoritarias, de revolucionarios de barrio y de colegio, de feminismos extremos que sólo entusiasman y comprometen a una porción ínfima de las mujeres del país, de toda clase y laya de talibanismos ideológicos llevados a extremos a menudo risibles, como sucedió y se manifestó en y con el lenguaje que eventualmente usaron en la redacción de sus proposiciones.

A esa representación sesgada y sectaria de minorías extremas, pero NO del país, se sumó la arrogancia. Aunque parezca increíble, esa agrupación de seres extravagantes deambulando en el territorio del ridículo y el absurdo se dieron aires de salvadores, reformadores, sanadores, redentores y aseadores de la nación aunque desde el comienzo, en la ceremonia inaugural, manifestaron lo contrario al negarse a cantar la canción nacional. Desde ese momento en adelante una y otra vez pusieron en escena el mismo espectáculo con su lenguaje y posturas, con los términos de sus proposiciones, con en el modo como trataron a la "derecha" arrinconada e impotente, con su desprecio por la institucionalidad vigente e incluso de la existencia misma de una patria. En el rubro insolencia el señor Stingo, ya felizmente olvidado, fue uno de sus más eximios cultores. El travesti que en la fase final de la campaña electoral se introdujo la bandera chilena en el culo terminó siendo el emblema de la Convención, su recta confesión por medio del recto.

ANATOMÍA DE UNA PATOTA

¿Qué expresó, qué manifestó, qué significado tuvo la llegada a la Convención de ese variopinto grupo salido de los más oscuros rincones y fondos sedimentarios de la nación? Sin duda tiene un significado. Su existencia y luego presencia en un nivel institucional no fue casual. El sólo hecho de su arribo a una organización transitoria pero decisiva como era la Convención Constitucional representó alguna cosa.

Fue representativa, en efecto, de un fenómeno sociológico. El personal de la Convención fue expresión en cuerpo y alma de una sociedad y una cultura que ha alcanzado un nivel de complejidad y variedad en virtud el cual es posible la aparición de minorías radicalmente alienadas de las normas y valores tradicionales, minorías reunidos alrededor de las más variadas creencias y posturas, colectivos "anti-sistémicos" que van desde simples "tribus urbanas" formadas por adolescentes hasta organizaciones agrupando a individuos obsesionados con un tema del cual el resto de la población ni siquiera sospecha su existencia; más aun, en esas nuevas condiciones sociales y culturales —se habla de la "diversidad"— dichos grupos tarde o temprano llegan a una fase en la que ya no se limitan a existir en una suerte de clandestinidad social y cultural, sino se consideran con derecho a manifestar sus posturas y eventualmente materializarlas en el conjunto del cuerpo social. En lenguaje contemporáneo, se sienten "empoderados".

No es caprichoso suponer que hace 40 ó 50 años ya habían ciudadanos considerando que la "etnia mapuche" tenía derecho a constituir un Estado dentro del territorio de Chile, pero dicha creencia o aspiración se limitaba a ser la aspiración y creencia de un puñado de personas expresadas en charlas de sobremesa o en recintos universitarios, Tierra Prometida de cualquier idiotez envuelta con solemnidad académica; esas posturas no daban lugar a ninguna acción ni personal ni grupal. Hoy sí. Hoy existe la CAM, grupo armado que ha estado actuando con violencia, con incendios, ataques y asesinatos desde hace años y que cuenta no sólo con "soldados", armas y financiamiento, sino además con seguidores, sustentadores y apologistas en todos los ámbitos de la nación. Y del mismo modo hoy no sólo existe una creyente en los valores metafísicos de la "cosmovisión" mapuche, como la señora Loncón, sino además la sigue y venera un grupo de seguidoras que fueron capaces de conseguirle votos para llegar a la Convención y predicarlos y tratar de imponerlos.

En cuanto a sensibilidades como las de los animalistas, ambientalistas, de identidad de etnia o de sexo, etc, etc, tampoco estaban ausentes pero su presencia era sólo fantasmal, clandestina, irrelevante, mientras que hoy cuentan con suficiente militancia y seguidores o simpatizantes para asomarse en el espacio público con la pretensión de ejercer una acción significativa y hasta determinante en los asuntos de la nación. El Chile de hoy es una sociedad mucho más diversa de como era sólo hace 20 años y eso se manifiesta en la abundancia de toda laya de sectas, organizaciones y sensibilidades, así como en la muy reciente novedad de que se arrogan el derecho de intervenir en los temas públicos para moldearlos a su imagen y semejanza.

Ese derecho que estas sectas y grupos se adjudican por sí y ante sí, el de poder y deber modelar de arriba abajo la vida de la sociedad, nace de la sensación de que su crecimiento en adherentes será indefinido hasta hacerse masivo y mayoritario. No habiendo aun llegado a los límites de su expansión, imaginan que esos límites no existen y sus creencias y convicciones crecerán hasta convertirse en hegemónicas. De hecho las creen ya hoy representativas de TODA la sociedad o a punto de serlo. A esa creencia se suma la convicción de que sus ideas expresan la Verdad Revelada. Es una creencia exorbitante que surge, se sostiene y desarrolla como un tumor porque sectas de esta clase son auto referentes, operan como tribus cerradas y sus membrecías se comunican e interactúan sólo entre sí, debido a lo cual se aíslan de la realidad y terminan confundiendo su pequeño mundo con el universo; imaginan que sus concepciones del mundo son populares y hasta hegemónicas porque son hegemónicas y populares entre ellos mismos. De esta ilusión, la de ser representativos de un movimiento ideológico universal, estos convencionales y sus partidarios despertarían el 4 de septiembre del 2022.

COMITÉ CENTRAL DEL PROGRESISMO

Sin embargo y antes que llegara esa fecha fatal, ese día del despertar, los miembros de este grupo disfrutaron una prolongada fiesta, un carnaval de triunfalismo hecho posible por ser una mayoría aplastante en la convención. La completa historia de la Convención hasta su fin es la historia de dicha masa convencida de que, como habían salido con la suya en prácticamente todos los puntos en discusión DENTRO de la Convención, igual cosa sucedería FUERA de ella. Dicho convencimiento pasó por dos fases; en la primera sería auténtico, químicamente puro, sin una sombra de duda; en la segunda, cuando los signos provenientes del medio ambiente lograron traspasar las murallas de su tozudez y vieron venir la derrota, se trató de un convencimiento a la fuerza, obstinado, voluntarioso, rabioso.

El triunfalismo ingenuo del comienzo fue posible porque la composición de la Convención fue enormemente dispareja. Véanse las cifras: «Vamos por Chile», lista de "derecha", tenía 37 escaños; las listas "Independientes No Neutrales" y "La Lista del Pueblo" consiguieron 37 escaños; a ellos en la práctica se sumaron los 12 escaños de independientes y candidaturas fuera de pacto, a quienes también se sumaron los 28 escaños conseguidos por el pacto «Apruebo Dignidad» conformado por el Frente Amplio y Chile Digno y los 25 de «la Lista del Apruebo» conformada por partidos de la antigua Concertación y Nueva Mayoría, a los que finalmente deben agregarse agrupaciones como el Partido Liberal, el Partido Progresista y Ciudadanos, con un total de 25 bancas. No se olviden los 17 escaños reservados para los "pueblos originarios".

Hemos hablado de sumas y "agregaciones" porque todas esas listas, menos las de la derecha, compartían casi el mismo pensamiento, las mismas o muy parecidas ideas, coincidían en sus visiones, en sus valores y sentimientos y por ello votaron en bloque, salvo en raras ocasiones y difiriendo sólo en cuestiones de detalle y redacción. Constituidos en un bloque con diversas cabezas como una hidra y distintos nombres como un silabario, fueron, en la práctica, el único autor de la proposición.

Así entonces la Convención Constituyente, la cual en teoría iba a aunar criterios, llegar a acuerdos, a consensos, etc, para edificar la "Casa de Chile", más bien se constituyó en el Comité Central del Progresismo en plena sintonía con la íntegra agenda de ese sector; la Convención hizo suyos prácticamente todos los puntos y temas que esa agenda tocaba y toca y agregó aun muchos más que decididamente acamparon en el territorio de la extravagancia o la locura. La conducta de la Convención fue, a lo largo de meses de ruidosas sesiones, el equivalente criollo a esa única sesión de la noche del 4 de agosto de 1789 en la Asamblea Nacional de Francia. La proposición que finalmente evacuó sería ultra-revolucionaria porque modificaba o demolía no sólo muchos, sino todos los elementos institucionales vigentes[3]. De haber sido aprobada en el plebiscito de salida, el equivalente con la sesión del 4 de agosto en París en 1789 habría

---

3   Vigentes al menos al momento de escribirse estas líneas.

sido perfecto, el primer paso de la etapa institucional de la revolución, la etapa en la que las revueltas previas y el dislocamiento del orden permiten poner en un marco legal el nuevo régimen que se pretende erigir.

Que la suerte del país dependiera de un evento tan imprevisible como lo es un acto electoral, el "plebiscito de salida", deja en evidencia y desnuda crudamente el hecho —tal vez ya olvidado— que la sola existencia de coyuntura tan decisiva derivó de la rendición del gobierno de Piñera en noviembre de 2019, rendición en nada muy distinta a la de la monarquía francesa luego del 14 de julio. En ese momento se abrió de par en par la puerta a siquiera la posibilidad de que el país fuera institucionalmente transformado de arriba abajo. Esa transformación buscada y promovida sólo por una minoría quedó supeditada a eventos electorales, primero el de entrada, luego el de salida. El de entrada les fue favorable por la acción del engaño, la candidez y el miedo; el de salida fue un fracaso abrumador como resultado de que muchos abrieron los ojos, perdieron el miedo y recobraron el buen sentido. Aun así, luego de la derrota del 4 de septiembre de 2022, el gobierno y los sectores de izquierda presumen que la votación del primer plebiscito es la única que vale, constituye un "mandato" que "obliga" a seguir en la misma senda revolucionaria. Con esa presunta legitimación "democrática" se pretende proseguir por el mismo camino, el de la revolución.

EL CONSENTIMIENTO

Para entender una situación en la que el país fácilmente pudo desbarrancarse con que sólo se le hubiera dado "el Sí de las niñas" a la proposición constitucional de la izquierda, se requiere examinar cómo, cuándo y porqué el sentimiento de las masas dio ese "consentimiento" en el plebiscito de entrada; es una aprobación ya anacrónica, pero aun se la alega como justificación para insistir con la misma agenda.

Los antecedentes de dicha aprobación y del estado anímico colectivo que la hizo posible constituyen un patrón estructural muy estable, aunque se manifiesta con las distintas vestimentas y modalidades que imponen las circunstancias de tiempo y lugar. Un magistral análisis de ese libreto fue realizado por Crane Brinton en su *Anatomy of Revolution*, obra en la cual Brinton encuentra y examina los episodios que se reiteran y las fases que aparecen en todos los procesos de esta clases. El caso más puro es el de la revolución francesa.

En la Francia del siglo 18, como sucedería más de 200 años después en nuestro país, hubo una etapa ideológica-valórica durante cuya vigencia el espíritu de un número creciente de franceses sufrió un cambio profundo y decisivo; los valores que sustentaban el orden vigente perdieron legitimidad y paralelamente comenzaron, al principio de modo balbuceante, a ser reemplazados por otros distintos y hasta opuestos. Estos nuevos principios fueron propuestos y recibidos de los más variados modos; fueron voceados, representados y oídos en conversaciones y en discursos, en la literatura, en la prensa, en el teatro, en la calle, en el café, en los salones. A esa etapa se la llama "el siglo de las luces". En Chile se vivió en la forma de las discusiones y conflictos alrededor de la llamada "agenda valórica".

A la fase ideológica-valórica la sigue siempre la etapa insurreccional. Chile ya ha experimentado ambas, aunque podría haber una resurrección de la segunda. Una importante diferencia entre lo sucedido en Francia en 1789 y lo ocurrido en Chile en 2019 es esto: la toma de la Bastilla del 14 de julio aparece, en el imaginario colectivo de Francia y del mundo, como "la" revolución, se la ha identificado con ese asalto; en Chile, en cambio, los eventos de octubre de 2019 no fueron considerados ni siquiera como insurrección, mucho menos revolución, sino se les maquilló, sacralizó y consagró como un "estallido social", presunta protesta espontánea de las masas, falacia aun vigente tres años después.

El mito del estallido social y de la "represión brutal" que habría ejercido el gobierno de esa época, apenas muy recientemente y a medias, con temor, ha sido puesto en duda. Sólo algunos periodistas y comentaristas han reconocido a regañadientes que el llamado "estallido" fue una insurrección planeada y organizada a lo largo de meses con el fin de iniciar un proceso revolucionario, lo que se sigue intentando hoy. De esto también hay ocultamiento; tanto sus promotores como muchos ciudadanos y hasta opositores persisten en camuflarla haciendo uso de toda clase de disfraces semánticos, de frases tales como "transformaciones profundas" o "poner fin a la desigualdad".

Detrás de esos camuflajes, mentiras, equívocos y ficciones opera y operó el consentimiento. Ese ánimo de aceptación tuvo muchos protagonistas y se manifestó de variadas formas, pero en todos los casos resultó del proceso ya visto de deslegitimización del orden imperante desarrollado durante años. Fue el consentimiento de los convencidos de las tesis de izquierda y decididos a echar abajo el modelo porque son revolucionarios químicamente puros; fue también el consentimiento de los cobardes, los resignados, de los que se sentían y se sienten culpables de su raigambre social, de los deslegitimados en sus creencias y valores; fue el consentimiento de los oportunistas de los medios de comunicación, siempre alertas para ponerse en sintonía con "la calle"; sobretodo fue el entusiasta consentimiento de una juventud completamente adoctrinada y barbarizada, digitalizada, manipulada, confundida. Este consentimiento sería la tierra fértil donde germinó la creencia de lo que lo que era evidentemente una acción organizada había sido un "estallido social".

Dicho sea de paso, para entender "nuestra" insurrección —bautizada como "estallido social"— y su nexo con la revolución vale la pena estudiar lo ocurrido el 14 de Julio de 1789 en Paris. Fue un acto insurreccional importante porque, aseguran los tratadistas, liquidó el intento de golpe palaciego con que la corte de Luis XVI pretendía destruir la ya incontrolable asamblea, la cual se había declarado por sí y ante sí como el órgano de poder decisivo, desplazando a la corte. Sin eso, lo del 14 de Julio no sería sino un motín como tantos previos en los anales de la historia de Francia. El 14 de Julio hizo posible el 4 de agosto, la fecha cuando la Asamblea Nacional, en el curso de una noche febril, abolió de golpe los privilegios feudales que aun restaban en el reino de Francia[4]. Es esa fecha y no el 14 de julio la que marca la revolución, pero sin la primera tal vez no habría existido la segunda. Una revolución no coincide con la destrucción de un edificio y/o el asesinato de algunas personas o la quema en masa de estaciones del Metro, pero hace posible la posterior destrucción de leyes o "constituciones", esto es, hace posible la revolución.

Los acontecimientos que el país experimentó desde octubre de 2019 hasta semanas y meses después fueron el equivalente criollo de la toma de la Bastilla; no echaron abajo instituciones, no cambiaron las leyes ni desplazaron todavía a una élite por otra, pero instalaron las condiciones para que eso sucediera. Lo hicieron por medio del caos, la incertidumbre y el miedo que se requiere para desestabilizar el orden social vigente. Fue de ese modo y por esa razón que constituyeron la fase preparatoria de lo que vendría después. De todo eso usted ha encontrado un examen en mi libro "Insurrección".

LA RENDICIÓN

Como se expuso en "Insurrección", el presidente Piñera sabía qué estaba ocurriendo en las calles ese octubre del 2019 porque se lo habían informado. El mismo lo reconoció en esa intervención televisiva celebrada a los dos días de iniciarse los hechos, cuando anunció que el país

---

4   Contra lo que usualmente se cree, muchos de esos privilegios ya habían desaparecido y la nobleza pagaba, incluso, algunos impuestos, aunque mucho menos de lo justo y necesario y aun quedaban pesadas cargas sobre los hombros de campesinos comunes y corrientes.

enfrentaba "un enemigo implacable". ¿Y quién podía ser ese enemigo sino el conjunto de grupos e individuos que se habían organizado para llevar a cabo lo que se vivía en los momentos mismos cuando hablaba? Sin embargo, para asombro de muchos, no hizo nada. Pudo, como tal vez la mayoría de los chilenos esperaban y una minoría temía, hacer un uso legal, constitucional, plenamente justificado y legítimo de la fuerza pública en la medida necesaria para reducir a esos grupos, pero no lo hizo. La fuerza pública eventualmente y con atraso salió a las calles con las manos atadas; su presencia fue pública, pero no de fuerza. Los militares desplegaron una postura casi cien por ciento pasiva, muy en armonía con la del general a cargo del despliegue, quien le declaró a la prensa "no estar en guerra con nadie" y además "ser un hombre feliz". Puesto que su general no estaba en guerra con nadie, menos podían estarlo sus subordinados; a la tropa se la podía insultar en la cara, atacar y violentar impunemente sin que hubiese reacción porque la orden del día era ser feliz. Las imágenes de videos que lo ilustran son elocuentes. Esa pasividad no resultó sólo del pacifismo del general Iturriaga, sino fue ordenada por La Moneda y apoyada por los sectores políticos adheridos a su gobierno. En breve, Piñera anunció que estábamos en guerra y casi en seguida firmó el acta de rendición.

¿Por qué? ¿Por qué Piñera no enfrentó a quienes destruían Chile? A lo largo de la historia de nuestro país los más diferentes gobiernos no han vacilado en usar la fuerza pública cuando ha sido necesario, incluso con ocasión de eventos infinitamente menos serios que los de octubre de 2019. Lo mismo se ha visto y se ve en otras naciones. Salvo una completa quiebra moral y/o política, no existe sociedad donde se permita ni siquiera una fracción de lo que se vivió en Chile en esos días. El sentimiento predominante es, en todas partes del mundo y en todas las épocas, conservar el orden público, pero en Chile lo predominante fue el miedo; en las autoridades no existió resolución para actuar porque ese sentimiento, el de cumplir con la obligación de conservar el orden público, estaba ya totalmente carcomido, casi eliminado, por un miedo crónico y aun prevaleciente de ser acusados violadores de los DD.HH, de nostálgicos de la dictadura, fascistas, etc. Ese miedo fue alimentado a lo largo de los años con campañas sistemáticas orbitando alrededor del conveniente eslogan "derechos humanos", cuya elástica amplitud sirve tanto para lo legítimo y razonable como para lo que estipulen las agendas políticas. Ese ítem del arsenal izquierdista se examina con detalle en la parte II de este libro.

Para esa campaña fue esencial la satanización de Pinochet y su gobierno. Muchos años de adoctrinamiento asociaron el quebrantamiento de los DD.HH no sólo a Pinochet, sino al orden social que se erigió durante la Era de Pinochet y por esa razón se considera adecuado y lógico (¿?) deslegitimar al "modelo neo-liberal". Generaciones de jóvenes fueron adoctrinadas en colegios y universidades durante los años de la Concertación y a eso se sumaron medios de comunicación formales e informales, públicos y privados; se convenció a los chilenos que el solo hecho de explicar históricamente los eventos del 11 de setiembre de 1973 era equivalente a ser "nostálgico de la dictadura", "fascista", "pinochetista", "cómplice pasivo", etc.

CÓMPLICES PASIVOS

Piñera no reprimió la insurrección tal vez para no ser acusado de caer en el pecado que él mismo definió, el de ser "cómplice pasivo de la dictadura de Pinochet". Dicha frase tan desafortunada fue incorporada de inmediato al repertorio ideológico de la izquierda. Como muchos otros items, esa lastimosa definición fue resultado de un proceso de deslegitimación gradual y acumulativo del orden social imperante similar al ocurrido en las altas esferas de la sociedad francesa en las décadas previas a la revolución de 1789. En Francia, como resultado de la crítica "iluminista" contra la Iglesia Católica y otras instituciones y valores de la monarquía —crítica hecha en salones por connotados *philosophers*", escritores, artistas y toda laya de personas con prestigio—, parte importante de las clases altas y la nobleza misma, que dependía visceralmente de la monarquía, perdió fe en sus valores y terminaron muchos de ellos sintiéndose culpables de su condición y buscando redimirse criticando en los salones o hasta participando, como Lafayette, en la revolución independentista americana. Se sintieron como un personaje de una obra de teatro representada en esos años, un noble a quien se le reprochaba "no haber hecho otro esfuerzo en su vida que nacer". En breve, se sintieron "cómplices pasivos".

Del mismo modo, en Chile la clase alta y los sectores "de derecha" fueron paulatinamente sintiéndose culpables, incómodos con sus posiciones y con sus ideas. Es consecuencia de la permanente y masiva campaña basada parcialmente en hechos ciertos y parcialmente en distorsiones que con los años adquirieron la calidad de "Verdad Revelada". Dichos sectores se sintieron, como lo dijo Piñera, "cómplices pasivos" de la dictadura, afirmación demoledora pero ilógica porque es aplicable a quienquiera vivió, trabajó e hizo negocios en Chile durante esos años. Si es válida, entonces son también "cómplices pasivos" todos los millones de chilenos que siguieron haciendo sus vidas durante el régimen militar.

El concepto no tiene lógica, pero desde hace mucho la población chilena no hace disquisiciones y análisis ni siquiera de simple sentido común; en un ambiente ya encrispado, repleto de resentimientos, deseos de venganza, rabias y rencores, aceptar esa afirmación que convertía en blanco legítimo del odio a una parte de la población estaba y está en plena sintonía con esas emociones. Quedó consagrado oficialmente que TODA la clase alta chilena y su expresión política en los partidos de derecha habrían sido "cómplices pasivos" de la dictadura, por tanto cómplices de los atropellos de los derechos humanos.

Esta visión en blanco y negro del Bien y del Mal tuvo especialmente gran éxito de taquilla con las generaciones nacidas con posterioridad a los eventos del 11 de septiembre de 1973. Sus miembros no conocieron las circunstancias que enmarcaron el golpe militar, no experimentaron las crisis políticas y económicas de los años 60 y 70, no tuvieron que tomar decisiones ni aceptar responsabilidades de ninguna clase, jamás supieron ni saben una palabra de la agenda de los grupos que apoyaban a Allende como tampoco han conocido nada de este personaje, de su trayectoria, de sus ideas, de sus dichos y hechos, sal-

vo los rescatados por el devocionario de izquierda; nada
saben de él, salvo la lacrimosa hagiografía creada a su
alrededor, convertido ya en mártir de la causa popular;
no han conocido nada sino su representación piadosa y
monumental. La imagen de Allende que se hacen las actuales generaciones es tan épica, lírica y fantasiosa como
la que tenían de Castro y de Guevara sus antepasados de
los años 60's.

En el contingente de estos jóvenes mentalizados de ese
modo se encuentran muchos hijos e hijas de esos padres
que el *vox populi* de la izquierda considera, aprovechando
oportunamente la frase de Piñera, "cómplices pasivos de
la dictadura". ¡Explosiva mezcla es esa, la de la rebeldía
natural de los jóvenes contra sus padres unida a la aparente verdad de que habrían sido cómplices de crímenes
y que sus bienes son el resultado de despojos! Ven a sus
padres como culpables, pero ellos también se sienten culpables porque, como en la tradición bíblica, la culpa se
trasmite de generación en generación hasta el fin de los
tiempos.

¡Cuántos de estos jóvenes culposos por trasmisión he-
reditaria no son hoy miembros activos del progresismo,
rechazan la tutela de sus padres, militan en el PC o el
FA, votaron por el plebiscito, votaron por Boric y vota-
rán por quien sea para redimirse por haber nacido en
cuna de oro! ¡Cuántos no andan por la vida pesquisan-
do cada palabra espetada por el vecino o el condiscípulo
por si dice lo que no debe, por si traspasa los límites del
discurso políticamente correcto! Son legión. Copan las
universidades, acosan a sus profesores, acuden a todas
las "movilizaciones", participan en funas, se codean con

primeras líneas, militan –algunos– en la CAM, creen en todas las consignas, asimilaron el lenguaje "identitario" y vociferan sobre el medio ambiente aunque en medio de todo eso no prescinden de sus privilegios; sus estridentes pinitos revolucionarios terminan cuando llega el verano, la hora de las vacaciones, el momento de viajar con financiamiento del despreciado padre a algún grato resort, minuto de carretear, de fiestear, de emborracharse, de drogarse, de perder la cabeza y a veces perder la vida chocando el lujoso auto del "cómplice pasivo".

Como clase social y política la derecha fue entonces amilanada, arrinconada, culpabilizada, deslegitimada; sus propios hijos aceptaron ese veredicto y lo pusieron en ejecución con sus palabras y con sus votos. Como clase no cree en sí misma y no sabe en qué debiera creer. ¿Es entonces incomprensible que llegado el momento crítico de octubre de 2019 no sólo aceptaran la "tesis" de que se estaba produciendo un "estallido social, sino además se rindieran aceptando la posibilidad de que se llevara a cabo un cambio de la constitución? Porque, en efecto, ¿qué fue dicha aceptación sino un acto de rendición inspirado por el miedo y la debilidad, por su poca fe en sí mismos, por su sentimiento de culpa debido a su posición, sus ideas, sus valores?

"Cambiar la constitución para crear una nueva casa donde habitemos todos los chilenos" fue la manera como el presidente y su coalición justificaron ante el pueblo esa iniciativa, pero sobretodo justificaron su rendición. Si acaso no sabían, al menos debieron haber sospechado que dicha construcción de "la nueva casa" no era un propósito compartido por los revolucionarios. No pasaría mucho tiempo para que eso se hiciera evidente con los dichos y hechos de la gran mayoría de los miembros de la Convención Constitucional, la que desde el primer momento reveló su naturaleza como órgano para proseguir con la faena iniciada, empujar la revolución y convertirla en real "conforme a la ley".

Ese propósito sólo podía justificarse si la convención era representativa del pueblo soberano y esa representatividad se asimiló al simple hecho de haber sido, sus integrantes, elegidos en una elección popular. Pero, ¿fue así?

SOBERANÍA POPULAR Y LA CONVENCIÓN

Regresemos a la Convención recordando a H.G. Wells, quien, a propósito de la afirmación marxista acerca de la presunta existencia de una entidad político–fantasmagórica denominada "dictadura del proletariado", hizo la siguiente pregunta: "¿dónde y cuándo el proletariado dicta algo en Rusia?". Era claro que quien dictaba era únicamente el partido Comunista y haciendo uso de una feroz represión contra "los enemigos objetivos del socialismo". Nadie más dictaba ninguna cosa.

La pregunta de Wells puede aplicarse al origen y operaciones de la Convención. Si acaso desde el primer día su talante, completamente ajeno al sentir nacional, se hizo ostensible para pasmo y horror de muchos, en el largo lapso que siguió no hizo sino reafirmar su espíritu de arrogante exaltación revolucionaria. En los labios y los actos de algunos convencionales, dicho espíritu entró de lleno en el país de la locura. Gradualmente y por lo mismo el organismo se fue alienando el respeto popular. Cabe preguntarse entonces, como hizo Wells acerca de la "dictadura del proletariado", "¿cómo y cuándo es que la mayoría izquierdista de la Convención representó al pueblo de Chile?". O en otras palabras, ¿estuvo la "soberanía popular" presente y plenamente representada por la membrecía de la Convención?

No basta afirmar que sí lo estaba porque sus miembros llegaron allí merced a una votación. Recuérdese que si bien hay votaciones legítimas de regímenes democráticos, también hay votaciones de regímenes dictatoriales y hay votaciones manipuladas por los incumbentes del poder y hay votaciones a propósito de opciones que en realidad no ofrecen ninguna opción y en todos los casos se habla de "soberanía popular". Su uso, entonces, es bastante elástico. China habla de que rige en ese país una "democracia a la China", lo cual se traduce que en la última "elección" de la asamblea del partido comunista, que consta de 3000 miembros, Xin Pin resultó apoyado por 3000 votos contra cero. La Alemania comunista se denominaba "República Democrática Alemana". En la URSS se celebraron muchos plebiscitos con votaciones abrumadoramente favorables para el régimen. En todos esos casos la expresión "democracia" y por tanto su fundamento, la "soberanía popular", es utilizada de modo no muy distinto a esa "dictadura del proletariado" de la que se mofó Wells.

Aun más, la "soberanía popular" no existe automáticamente ni siquiera en el seno de un sistema donde realmente las autoridades se eligen por votación popular. Eso no basta. La auténtica existencia de soberanía popular va de la mano con una real injerencia de la ciudadanía en la toma de decisiones políticas relevantes, lo que implica que el proceso eleccionario debe tener las siguientes características:

Primero, que el elector goce de condiciones de libertad, tranquilidad y reposo para desarrollar su pensamiento o siquiera sus sentimientos.

Segundo, que disponga de opciones que expresen real y claramente diversos puntos de vista relativos a lo que se decide.

Tercero, que los mecanismos electorales expresen proporcionalmente el distinto peso de las diversas ideas de dicho pueblo sobre la base de la fórmula "un elector es igual a un voto".

Esas condiciones fundamentales no existen si dicho pueblo ha sido sometido a presiones que sofocan el libre pensamiento e imponen una doctrina hegemónica creada por grupos de interés y/o si el clima de opinión imperante impide o dificulta ese debate y/o si el mecanismo representativo está torcido de tal manera que dé desproporcionadamente más peso a ciertas opciones que a otras, si da más "representatividad" a ciertos grupos que a otros y si finalmente las opciones no son presentadas en igualdad de condiciones.

Existe sobrado conocimiento del efecto que tiene en las

votaciones una doctrina y/o clima de opinión aplastante y/o un mecanismo electoral controlado por quienes están en el poder. En los países donde reinaba la "democracia" socialista, esto es, donde imperaba una doctrina oficial y el mecanismo electoral lo manejaba el partido gobernante, el Comunista, se organizaban de tanto en tanto plebiscitos en los que, curiosamente, la postura del partido siempre ganaba con al menos el 98% de los votos. ¿Era ese un ejercicio de "soberanía popular"? El modo como se organizan las listas de candidatos, como son presentadas, cuáles son deslegitimadas o incluso prohibidas desde el momento que se presentan o simplemente no tienen derecho a presentarse, la realidad de las opciones ofrecidas, la imagen que se proyecta de la naturaleza de las alternativas, el miedo que puede ser inspirado de modos directos o indirectos si tal o cual opción gana o pierde, los climas de opinión generados por los medios de comunicación, todo eso determina si efectivamente hubo un "ejercicio democrático" expresando la "soberanía popular".

Es precisamente lo ocurrido con el "plebiscito de entrada" que supuestamente expresó la "voluntad popular" acerca de si iniciar un proceso constituyente o no. ¿Puede sostenerse seriamente que las opciones "Apruebo" y "Rechazo" fueron presentadas a la ciudadanía en las mismas condiciones de validez, en medio de un clima de tranquilidad y paz social, de debate calmo y de normalidad institucional? ¿No fue celebrado, al contrario, en medio de una atmósfera de temor que llevó a muchos a preferir la opción "Apruebo" no por gusto sino por miedo de que si ganaba el "Rechazo" la violencia iba a recrudecer? ¿No se describió la opción "Apruebo" por parte de todos los incumbentes políticos, incluso muchos de la derecha, como la opción buena y valiosa, la que garantizaría la paz y la creación de "la casa de todos", como el camino de salvación para Chile en medio de una brutal crisis de autoridad y una violencia nunca antes vista? ¿No se insistió que votar "Rechazo" equivalía ser un fascista, un reaccionario, un nostálgico de la dictadura? Y dado todo eso, ¿podemos decir que dicha elección expresó "la voluntad del pueblo soberano"? ¿No fue más bien la expresión de la soberanía del miedo? Y en cuanto al contenido, el cual presuntamente aun no existía sino que se iba a debatir, en realidad ya existía desde un comienzo en los bolsillos de los ideólogos de la izquierda y desde luego no estaba dirigido, como se prometió, a encontrar un acuerdo global de toda la nación y que permitiera la paz social, sino, como se demostró cuando fue tomando forma, era la articulación jurídica de un Nuevo Orden que entrañaba la total destrucción de la institucionalidad vigente, incluso de la integridad territorial. Era un instrumento que en su radicalismo portaba todas las semillas del conflicto civil. Era para demoler la Casa de Chile, no para erigir una nueva.

En caso de insistirse en el hecho de que la membrecía de la Convención "representaba" al pueblo por haber legado allí como resultado de una votación, aun eso es difícil de sostener si se considera que muchos de los candidatos elegidos lo fueron sobre la base de ficciones diseñadas para engañar a los votantes mediante el procedimiento de aparecer en listas recién inventadas, meras expresiones semánticas orientadas a camuflar la naturaleza de sus posturas. ¿No ocultaron sus intenciones alardeando de ser independientes, ajenos a los "corruptos partidos políticos tradicionales"? Las listas mismas fueron legalizadas con artificios, con firmas falsas avaladas por notarios muertos. A eso se agrega el mecanismo de los "cupos reservados" que eran y son la negación misma de la representación democrática y republicana porque niegan la proporcionalidad.

¿En qué consistía, entonces, la "representación" de la Convención, condición primera para la existencia de una "soberanía popular"?

REPRESENTACIÓN DE MINORÍAS

SU "REPRESENTACIÓN" CONSISTIÓ EN REPRESENTAR en el plano comunicacional y político un fenómeno sociológico. Como ya se hemos dicho, el enriquecimiento en complejidad del país hizo posible la existencia de muchos grupos, agendas y tipos humanos exóticos y/o tóxicos, personajes como Rojas Vade, como la señora Loncón, como los partidarios de las políticas basadas en la identidad étnica, como los partícipes de la llamada "causa mapuche", como pobladores dispuestos al saqueo y el vandalismo, como masas de profesionales de segunda y tercera fila deseosos de patear todos los tableros, estudiantes incapaces de esfuerzo quejándose de la "carga académica", chicas embarazadas a los 13 años, delincuentes de 11 y 12, narcotraficantes y sicarios, políticos corruptos, jueces analfabetos y congresales salidos del arrabal y el vodevil. Si entonces "representación" consistía en representar la existencia de todas esas flamantes "sensibilidades", la

Convención fue fantásticamente "representativa". Esos grupos y tipos humanos y su desfile carnavalesco en las ceremonias de la convención reflejaron fielmente la flamante estructura demográfica y cultural que ahora disfrutamos, hasta no hace mucho limitada en su expresión a ámbitos privados y/o al mundo de la farándula.

Sin embargo una representación ilustrativa del entero perfil humano de una sociedad, un exhaustivo catálogo de rostros y prontuarios, de perfiles psicológicos y psiquiátricos, no equivale a una representación política en el sentido de manifestar los pesos de las posturas e ideas existentes en la sociedad en su conjunto. Los partidarios de fragmentar Chile en estados independientes basados en las etnias existen, PERO son un grupo minúsculo; personajes como Rojas Vade, carne de movilizaciones e histrionismos callejeros existen, PERO no representan una fracción importante del país. Y así sucesivamente. Los circos existen, pero las naciones donde existen no son circos.

Considerando eso no cabe sino concluir que el pueblo chileno fue atemorizado, manipulado, adormecido y atontado como nunca antes. Para esos efectos se agitó el espanta-pájaros de la violencia que vendría si no se aprobaba un proceso constitucional, mientras simultáneamente se reavivó la versión histórica prevaleciente, la inculcada al pueblo chileno mediante un aleccionamiento de años, la que tiene su expresión física en el "Museo de la Memoria" y alimenta el quehacer de periodistas progres, historiadores de izquierda, charlatanes de la televisión y políticos de todos los sexos y sensibilidades, incluyendo a la derecha. Es una narrativa que se acerca a la hagiografía y mitología y precisamente por eso ostenta esa gran virtud que es el simplismo y el esquematismo, condiciones que permiten su "comprensión" y asimilación hasta por las mentes más limitadas.

Esto equivale a afirmar que el pueblo chileno últimamente ha estado expresando NO su soberanía sino su minusvalía, no su poder sino su sumisión a narrativas interesadas, no su "despertar" sino su hipnosis; es un pueblo que ha sido engañado, al que se le ha mentido, al que se le hizo ingurgitar una narrativa que falsea los hechos y para ese propósito se ha usado la mentira más eficaz de todas, la clase de embustes que mezclan ficción con realidad. Es el platillo que se le ha servido a generaciones de chilenos y sus consecuencias han sido tan efectivas que sirvieron admirablemente no sólo para adoctrinar a las nuevas cohortes demográficas, sino también para debilitar a la derecha haciéndosela sentir "cómplice pasivo de la dictadura".

¿Dónde está la "soberanía" en medio de ese cuadro?

Desde luego no estuvo en la membrecía de la Convención Constitucional, cuya "representatividad", como hemos visto, no puede aceptarse de buenas a primeras. La convención fue representativa sólo en el estrecho sentido de que ofreció espacio para que nuevos grupos y sensibilidades con su propio perfil cultural se hicieran presentes, pero esa representatividad cualitativa no equivalió a la político-electoral, que es cuantitativa. Esta última supone que la proporción de los nuevos grupos y sensibilidades presentes en un organismo político es igual a su proporción en el conjunto de la sociedad. No fue el caso con la Convención Constitucional. La desproporción entre ambas proporciones, la cualitativa y la cuantitativa, terminó por manifestarse en el resultado del plebiscito de salida, lo cual sucedió porque la proposición constitucional reflejó a tal extremo de delirio la agenda y escala de valores de esos grupos minoritarios que la mayoría hasta entonces vacilante, adormecida y acobardada del electorado terminó por reaccionar rechazando esas posturas de modo abrumador.

Hay más; ese grupo convertido en mayoría dentro de la Convención, pero que no lo era fuera de ella, llegó a existir por la ilusión de los ciudadanos que votaron por ellos de que la política se renovaría por el simple hecho de elegir a desconocidos. Puesto que la elección se celebró en medio de un furibundo clima de rechazo a la política tradicional, parte de la ciudadanía quiso rechazar las listas y/o nombres de siempre y simultáneamente los nombres nuevos le parecieron automáticamente revestidos de pureza y atractivo. Aunque no se les conociera ningún mérito personal, tenían la virtud negativa de NO ser los de siempre. Se llegó a la paradojal situación en la que NO ser un político tradicional se consideró mérito suficiente e indispensable para la política. NO ser político es hoy un requisito indispensable en la política.

LA CONTRADICCIÓN

¿Cómo llegó a consolidarse tan absurda contradicción? ¿Por qué la virginidad política aparente[5] se convirtió en un mérito? La respuesta es obvia: ocurrió debido al inmenso descrédito del sistema tradicional, especialmente de los partidos. Y de ese descrédito estas son las causas:

1.– Una es de carácter universal y por tanto visible en todos los tiempos y lugares: la incompetencia sistémica de los políticos para tratar los problemas a largo plazo de la sociedad debido a su fijación obsesiva sólo con SU problema personal, que es la conservación o ampliación a corto plazo del poder que ya tienen o desean conseguir. A estos profesionales de fila Crane Brinton los llamaba "practicones"[6]. Su preocupación fundamental es el AHORA para lograr ese objetivo, no el MAÑANA para resolver los temas que importan a la sociedad.

2.– A esa incompetencia sistémica se agrega otra característica también universal, a saber, un grado variable pero siempre notorio de corrupción[7]. La corrupción aparece y se desarrolla a medida que los miembros de la clase política instrumentalizan los medios de poder y autoridad para optimizar sus posiciones personales. Esa corrupción y/o degradación acumulativa está siempre presente en todos los asuntos humanos, en todos los ámbitos de

---

5   Aparente porque muchos de los "recién llegados" a la política nacional tenían ya larga carrera en la política estudiantil.

6   Véase "Anatomía de la Revolución" de dicho autor.

7   Se produce en los tiempos y circunstancias más diversas. Léase la "Historia de Inglaterra" de Lord Macaulay y su examen de la corrupción colosal del parlamento británico luego de la gloriosa revolución de 1688.

la vida, pero muy en especial cuando una coalición, partido o régimen logra conservarse por largo tiempo en el poder. Esa duración implica no sólo reiteradas oportunidades de aprovechamiento, sino además permite conocer y manejar con más pericia los vericuetos del poder e influencia para hacer uso de ellos; a eso se agrega la inevitable pérdida de escrúpulos que resulta de la mera repetición impune de esos actos. En Chile la percepción ciudadana es que durante las décadas de la Concertación los políticos llegaron a esa fase terminal de deshonestidad derivada de la impunidad. Se consolidó la idea de que, independientemente de sus posiciones doctrinarias, los políticos forman parte de una suerte de sociedad o club con intereses egoístas, una mafia de gente corrupta ajena a las necesidades del país y además incompetente en todos los sentidos. De ahí la expresión bastante nueva de "clase política"

3.– A la acción de esos factores generales se agregó la narrativa de la izquierda, en especial del Frente Amplio, agrupación de 15 "sensibilidades" conformadas mayoritariamente por las más recientes cohortes demográficas, por gente hasta los 30 ó 40 años, aunque cuenta también entre sus miembros a personajes al borde de la senescencia, jubilados y/o tránsfugas de partidos en miniatura o provenientes de entes políticos de poco calado e inexistente peso, como, por ejemplo, los "Humanistas". El Frente Amplio fundamentó su aparición y prosperidad sobre la base de acusar a la Concertación de haber transado con los "poderes fácticos", la derecha, las FF.AA, el gran capital, las oligarquías, etc, mientras complementariamente prometía que materializaría, de llegar al poder, esa ilusión perpetua y a la vez nunca realizable que es la limpieza y pureza política.

El efecto agregado de esos factores, los de la realidad y los del discurso, desacreditaron a tal punto a la "clase política" chilena que en todas las encuestas de opinión instituciones como el Congreso sistemáticamente han sido y son arrojadas al fondo del ranking de credibilidad y respeto. Esa desacreditación masiva y duradera hizo posible que la aparición de rostros nuevos, de figuras con nombres desconocidos, de gente proveniente de la calle, de los "pueblos originarios" o de las movilizaciones estudiantiles, adquirieran una acreditación inversamente proporcional al descrédito de los profesionales del oficio. Nada en esos "hombres nuevos" —y mujeres nuevas— los acreditaba ni acredita, ni su inteligencia ni su cultura, ni su experiencia o sabiduría, nada salvo su pretensión de ser moral y políticamente distintos por su mera calidad de recién aparecidos. Esa creencia es especialmente fuerte entre ellos mismos, los "elegidos". Giorgio Jackson, proveniente de las algaradas estudiantiles de la era "pingüina" y sin mérito adicional que pueda sumarse a esa participación, apenas tuvo un cargo ministerial de importancia que le inflamó el ego llegó a afirmar que su generación política tenía un más alto estándar moral que quienes los precedieron.

Desilusionado, entonces, de la catadura de los políticos tradicionales, una parte del público, por momentos mayoritaria y hasta a veces aplastante, se hizo la esperanza que bastaba cambiar los rostros para lograr una renovación ética. Dicha esperanza adquirió una fuerza inmensa. Se convirtió en la necia doctrina de que bastaba cambiar el cocinero para mejorar el menú, bastaba la llegada de barbudos de nuevo cuño para salvar al país, en la doctrina de que adolescentes de ojos en blanco rescatarían a Chile de las garras de la injusticia y que las niñas bonitas del PC harían la diferencia. Sobre esa plataforma fue que eventualmente se encaramaron a la Convención gente como Rojas Vade, como la señora Loncón, como Stingo, todo un nutrido y variopinto contingente de ciudadanos absolutamente desconocidos y en general absolutamente ignorantes, pero que, por no ser parte del *pool* político, dieron la impresión de que lo harían mejor; Chile alcanzó la peculiar condición de poner su futuro en las manos de quienes no tienen otro mérito que lo que NO son.

Debido a eso y a las distorsiones ya mencionadas que operaron en el plebiscito de entrada, el personal de más de dos tercios de la Convención fue conformado por gente representativa de ese Chile "nuevo" de rostros y nombres desconocidos, ajena al Chile tradicional e incluso su enemiga y por tanto opuesta a todo lo que siente y piensa la mayoría de los habitantes del país. Se creó una contradicción insoluble entre las ambiciones y metas de dicho organismo y las del resto de la ciudadanía, lo que se fue manifestando crecientemente a lo largo de los días, semanas y meses que duró ese organismo, período en el que el publico pudo ser testigo de las conductas, dichos, proposiciones y actitudes de su membrecía. En efecto, a lo largo de toda su existencia apenas hubo día en que la Convención no protagonizara alguna clase de escándalo y/o que no se supiera de nuevas y aun más extravagantes posturas. Todo eso, en un momento dado, se centró en la persona del convencional Rojas Vade, convertido en la caricatura ambulante —¿o debemos decir "emblemática"?– de la convención.

Esa disparidad brutal entre convención y ciudadanía se manifestaría en el plebiscito de salida del 4 de septiembre de 2022, pero no pocos de los seguidores del contingente inverosímil que pobló la Convención llegaron a sostener que el fracaso se debía al atraso mental e ignorancia de los chilenos. Molestos, los iluminados concluyeron que la gente no los apoyaba porque no estaba a su altura. Algo más tarde el presidente Boric aseguraría que de ahí en adelante se iría a tranco "más lento" para permitir a estas masas atrasadas alcanzar a los iluminados.

Dicho sea de paso, que un grupo minoritario de gente con pensamientos y sentimientos distintos a los de la mayoría llegue al poder no es fenómeno ni nuevo ni asombroso porque las mayorías son sólo una suma de individuos que por un momento sienten o piensan lo mismo respecto a un tema; no son un cuerpo organizado sino sólo una expresión estadística. Más aun, incluso si ese conjunto inarticulado se compromete con alguna causa, ese compromiso suele ser de breve duración; muy pronto quienes vociferaron en un par de ocasiones regresan a su estado normal más bien tibio, a posturas puramente verbales y esporádicas, regresan a sus rutinas diarias. En cambio las minorías que se pliegan a una agenda lo hacen con mucho mayor y más duradero compromiso o de otro modo hubieran seguido el camino más fácil y cómodo de la opinión de la mayoría; aun más, las minorías, por serlo, se organizan más fácilmente. Adicionalmente, en el seno de una minoría suele haber un núcleo todavía más comprometido con la causa y que la mantiene activa y eficaz; esa minoría dentro de la minoría toma la forma del activista, de los que militan, los mártires de la causa, los dirigentes a pleno empleo y las "primeras líneas". Son quienes protagonizan gran parte de la acción política; fueron ellas las que ocuparon esos más de 2/3 de los escaños de la convención y perpetraron la proposición constitucional eventualmente rechazada.

LAS FF.AA.

¿QUÉ OCURRIÓ Y HA OCURRIDO mientras tanto con las FF.AA, ya con Boric en La Moneda? Absolutamente nada digno de nota más allá de la áspera expresión del oficial que en la primera parada militar del gobierno le pidió permiso a Boric para comenzarla. Mantuvieron y mantienen su silencio y su prescindencia, lo cual, sin embargo, no ha dejado de tener un efecto invisible y silencioso pero decisivo en el cuadro de la entera política nacional. Esa prescindencia ha sido y es una forma de actuación por *default*.

En efecto, el empuje y fervor de minorías organizadas decididas a echar abajo un sistema, a celebrar una revolución, ha sido y es exitoso cuando y sólo cuando han contado con el apoyo, la neutralidad o mejor aun con la inexistencia de las fuerzas armadas. Sin eso no logran su cometido. Esa "vanguardia" de la revolución que copó la Convención y ha copado el Estado no ha tenido éxito no sólo por no contar, como ahora es claro, con el apoyo mayoritario de la ciudadanía, sino por NO contar con el apoyo o al menos decidida neutralidad de las FFAA. De haber contado con eso, es posible que el gobierno hubiera pasado por encima de la decisión ciudadana del 4 de septiembre de 2022.

En términos generales —y hasta el momento de escribirse estas líneas— ese ha sido el gran déficit del proceso revolucionario chileno, aunque nadie pronuncie ni una sola palabra al respecto. Es tema tabú para todo el espectro político. La izquierda no tuvo ni tiene por ahora otro instrumento para acrecentar, consolidar su poder y promover su revolución que las votaciones, pero en estas puede ser derrotada como lo fue el 4 de setiembre de 2022. Sin FF.AA en el bolsillo y sin éxitos electorales no le queda otro camino que el limitado que les ofrecen las iniciativas del Ejecutivo, las interpretaciones sesgadas de la realidad y los resquicios legales.

No es por otra razón que el partido Comunista se esmeró en infiltrar en Defensa a su gente, comenzando por Galo Eidelstein. Eidelstein, de lejos su mejor elemento, es fulano de muy alto nivel. Es Ingeniero Civil Electricista de la Universidad de Chile, Psicólogo Clínico de la Universidad UNIACC, Magíster en Psicología Clínica de la Universidad Diego Portales, Magíster en Seguridad y Defensa en la Academia Nacional de Estudios Políticos y Estratégicos (ANEPE), fue profesor en la Facultad de Ciencias Físicas y Matemáticas de la Universidad de Chile y tiene publicaciones y ponencias en el área de la Defensa, Estrategia y gestión de las FF.AA. Es además miembro del Grupo de Análisis de la Defensa y Fuerzas Armadas (GADFA), siendo co-autor de una propuesta de programa para el gobierno de Gabriel Boric y de una propuesta constitucional, ambos en el ámbito de la Defensa y las FF.AA.

Eidelstein es el más capacitado militante que tiene el PC, un tipo intelectualmente muy por encima de todo el elenco de la izquierda, desde el presidente para abajo. A él lo acompaña un nutrido grupo de camaradas ubicados en puestos claves del ministerio de Defensa y/u otros organismos vinculados a las FF.AA. Hasta el momento de escribirse estas líneas[8] estos militantes comunistas en comisión de servicio habían ya intentado controlar el currículum educacional de las escuelas de oficiales de las FFAA y al momento de examinarse y corregirse estas líneas la Contraloría había rechazado esa iniciativa, pero de seguro habrán otras intentonas.

No fue el caso de la revolución francesa ni de la revolución bolchevique ni de la revolución de 1649 liderada por Cromwell en Inglaterra. Los revolucionarios franceses que se constituyeron como "Asamblea Nacional" contaron con la benevolencia de al menos parte del ejército real, en el que el monarca, Luis XVI, ya no podía confiar; además dicha asamblea contó con el apoyo de una milicia ciudadana armada conformada por partidarios de la revolución. La revolución bolchevique, por su parte, contó con la desintegración del ejército zarista en las trincheras de la I guerra Mundial y Cromwell conformó su propio ejército, los *"ironside"*, con los que eventualmente derrotó a las fuerzas del rey Carlos I.

El gran secreto, cuestión hasta ahora nunca mencionada pero que determina el rumbo y en especial el límite de los acontecimientos, es entonces la existencia de fuerzas armadas que en Chile son ajenas y de hecho silenciosamente contrarias a la corriente ideológica que se impuso

---

8 Mediados de noviembre de 2022.

en la política y los medios de comunicación; su presencia hostil aunque pasiva es el gran obstáculo que la izquierda enfrenta e intentará despejar durante el gobierno de Boric con la acción de esos asesores y funcionarios comunistas en el área de Defensa.

¿Y EL QUINTO PODER?

En cuanto a los medios de comunicación, el llamado "quinto poder", hasta ahora no ha sido contrario a la revolución, sino complaciente. Contra la que algunos suponían, la izquierda contó con al menos la neutralidad de buena parte de la prensa "tradicional". Toda ella se ha plegado al discurso políticamente correcto aun vigente, aunque ya en declinación. Su personal periodístico es abrumadoramente de izquierda. A eso se suma el pánico de sus propietarios de sufrir ataques que perjudiquen su negocio. La Prensa, la radio y la televisión se convirtieron en "cómplices activos" o siquiera pasivos del progresismo. Agréguense las redes sociales, en las que pulula una gran mayoría de estudiantes, muchos muy radicalizados, conformando "colectivos" comunicacionales al borde del *delirium tremens*. Si eso no fuera suficiente, el progresismo ha contado también con grupos de activistas violentos en la forma de primeras líneas, con el lumpen y ahora con el Ejecutivo. Finalmente cuenta con la extrema debilidad moral e intelectual de "la derecha". Ha contado con todo eso, pero no con ese factor decisivo que es la capacidad de ejercer fuerza letal. La violencia callejera fue suficiente para montar una insurrección, pero no basta para una revolución. Derrotados en las urnas el 4 de septiembre de 2022, no pueden sino esperar que alguna nueva circunstancia política manejada desde el gobierno, desde el congreso y/o con la colaboración de la derecha, les permita avanzar; mientras tanto y al mismo tiempo, lo más disimuladamente posible, intentarán anular las FF.AA.

DICHO Y NO HECHO: BORIC Y SU PRESIDENCIA

Si Gabriel Boric fue victorioso y el Tricel anunció *Urbi et Orbi* "se acuerda proclamar Presidente electo de la República de Chile para el periodo constitucional de cuatro años que se inicia el 11 de marzo de 2022, a don Gabriel Boric Font" fue porque en segunda vuelta cambió oportuna y radicalmente su discurso para atraer al electorado que no le fue favorable en la primera. Dejó de lado sus posturas más teñidas de rojo y adoptó un lenguaje social-demócrata; simultáneamente insistió en pintar a su adversario, José Antonio Kast, prácticamente como un nazi. Se insinuó y se advirtió que si ganaba Kast retornaría la violencia en escala aun mayor y con ese augurio se asustó a mucha gente. Con dichos recursos arribaron a La Moneda Boric y manadas de partidarios de las "transformaciones profundas", izquierdistas de nuevo y viejo cuño, "progres" del mundo del espectáculo y la farándula, amigos y amigas, camaradas de lecho, jóvenes revolucionarios de todas clases y en resumen la completa nómina del variopinto contingente del progresismo. Todos a una sintieron estar logrando la consumación de lo que se había iniciado con la insurrección de octubre de 2019; pensaron que se daba un paso decisivo en el curso de la revolución, que se estaba en el umbral de las grandes transformaciones y tenían en las manos los instrumentos institucionales para eso, salvo una nueva constitución, pero que supusieron se lograría obtener apoyo ciudadano en el plebiscito de salida para lograrla.

El arribo de Boric a La Moneda pareció entonces, a sus feligreses, la guinda que coronaba la torta revolucionaria, el *happy end* de una larga trayectoria de "luchas sociales", de las demandas y las esperanzas del pueblo; su vertiginoso y pasmoso ascenso al poder consagraba "el despertar de Chile". Ese día, el de la elección, fue el de la pleamar de ese sentimiento progresista, su "hora más gloriosa", la consumación de los tiempos, la inauguración de una nueva época, la llegada del Mesías.

A la semana siguiente comenzaría la bajamar. De hecho a sólo 24 horas de su triunfo Boric ya hizo declaraciones dañinas para su gobierno a propósito de quienes asistieron al *Te Deum* inaugural. No le gustó la presencia de ciertos frailes. La torpeza, la soberbia y el delirio comenzaron a asomar sus feos rostros casi en seguida. Sucedería no solamente por la mala calidad del equipo, por su inexperiencia, inocencia, ignorancia, presunción y a veces pura y simple estupidez, sino además por la naturaleza misma de las fuerzas que los llevaron a La Moneda. Esas fuerzas no estaban constituidas por un grupo homogéneo de revolucionarios con una agenda específica, sino por un grupo heterogéneo de partidarios, seguidores, militantes y votantes. Muchos de los ciudadanos que se decidieron por Boric lo hicieron NO por amor a sus ideas, sino por temor a las presuntas ideas y designios de su rival, NO por deseos de apoyar una revolución sino por miedo a lo que podía pasar si Kast ganaba, NO por su apego a las "transformaciones profundas" sino por haber creído en la sinceridad del moderado discurso de segunda vuelta, donde aquellas transformaciones aparecieron diluidas. Esos fueron los ciudadanos corrientes; en cuanto a los políticos que presuntamente saben lo que hacen, muchos votaron por Boric por no tener otras opciones de super-vivencia, como es el caso de los dirigentes de la Demo-cracia-Cristiana; para lograr eso y quizás hasta recibir algunas migajas llegaron a extremos vergonzosos, como la visita de la señora Carmen Frei a casa del candidato Boric para una vez allí arrojarse a sus brazos y ofrecerle su apoyo, o como las conductas que se han visto después en la "Junta Nacional" de ese partido en noviembre de 2022, celebrada en medio de masivas renuncias de ex dirigentes, históricos militantes, congresales, etc.

En síntesis, muchos votaron por Boric por toda clase de razones que NO ERAN las razones de Boric ni del par-tido Comunista ni del Frente Amplio ni de los izquier-distas a ultranza ni de los revolucionarios en general. Por eso el gobierno de Boric, inspirado en SU agenda y en su sistema hormonal, pero NO en la múltiple de sus votan-tes, cada vez que ha tratado de poner manos a la obra o ha usado estas o aquellas palabras o anunciado o dejado de anunciar esto o aquello, ya sea se haya movido o que-dado inmóvil, instantáneamente esas palabras o gestos o inmovilidades entran en curso de colisión con algunas de esas variadas y distintas agendas de ese heterogéneo universo de votantes, muchos de quienes, ya a la maña-na siguiente, consciente o inconscientemente pasaron de la condición de partidarios a la de opositores actuales o potenciales.

El gobierno de Boric, aunque su vocación sea celebrar la revolución a base de una mayoría abrumadora de ciudadanos que también la deseen, se originó, en realidad, sobre la base de una masa abrumadora de equívocos, de temores y de engaños; no hay ya y nunca hubo, tras Boric, la firme determinación de una mayoría contundente del país deseosa de demoler el modelo neo-liberal y menos la hay hoy; sólo lo apoya una minoría cada vez más reducida y lo rechaza una mayoría creciente, según lo revela cada encuesta. Por eso Boric y la izquierda tienen problemas si manifiestan públicamente sus auténticas intenciones, como los tenían ya durante la campaña electoral. Y por eso la voltereta de la segunda vuelta. Al contrario de lo que ocurría con los revolucionarios de los años sesenta, quienes hablaban derechamente de instaurar un modelo socialista, Boric y sus seguidores, quienes llegaron al poder gracias a esa mayoría electoral ambigua y transitoria conformada por equívocos y cálculos fundados en temores, no puede pronunciar ciertas palabras ni celebrar ciertas conductas claramente revolucionarias. De hecho, su naturaleza los condena al inmovilismo: no pueden operar como cualquier gobierno administrando el Estado, pero tampoco pueden dedicarse derechamente a la destrucción revolucionaria del Estado.

Más aun, cuando salen del inmovilismo que esa condición ambigua les impone y anuncian que harán algo, eso que anuncian termina siendo sólo eso, un anuncio, o, si se materializa, todo lo contrario de lo que se dijo. Lo que aun hoy predican dejó de ser un programa para convertirse en oración y mantra. La fuerza, la lógica de la realidad nacional económica y política, los obliga a una forzosa vuelta de carnero que intentan disimular con incesante palabrería.

Es el caso de los "estados de excepción" que rigen en la macro zona Sur. Antes de llegar Boric a La Moneda, no podía haber nada más contrario a los sentimientos, las emociones y la ideología de la izquierda que la vigencia de esa clase de situaciones jurídicas. ¡Eran, dichos estados, gestionados por las FF.AA.! ¡Militarizarían la zona! En el paranoico imaginario de la izquierda, con eso resucitaban escenas propias de la era de Pinochet. Para esa sensibilidad todo lo que se asocie de cualquier forma a "lo militar", todo lo que suene, huela o se vea con uniforme, todo lo que entrañe la salida de los militares de sus cuarteles, dentro de los cuales debieran siempre permanecer porque allí son invisibles, era y es tabú. Y sin embargo el gobierno ha pedido ya más de 10 veces la prórroga del estado de excepción y la cámara, donde tiene mayoría, ha votado favorablemente en todas las ocasiones. ¿Por qué? Por la fuerza implacable de la realidad. Por la necesidad de seguir tomando en cuenta a la ciudadanía, que vota y votará, a la cual deben considerar en un 100% porque no cuentan con poder propio, con SU fuerza armada, con sus propios recursos de coacción para imponer, como ha ocurrido en todas las revoluciones, la agenda que pretenden materializar. ¿Y cómo justifican ante sí mismos y sus compañeros de ruta hacia el paraíso progresista esas decisiones? Lo hacen con palabrería, con re interpretaciones, con "construcción de la realidad". Hacen −a medias y a regañadientes− lo que están obligados a hacer, lo que hasta cierto punto tienen que hacer aunque no deseen hacerlo; luego, para maquillar esa triste situación, crean un mundo verbal superpuesto al mundo real multiplicando reglas, interpretaciones, explicaciones, justificaciones.

Es también el caso de la aprobación del tratado comercial TPP-11, tramitado y gestionado por gobiernos anteriores y al que el actual debía finalmente ratificar y poner en vigencia. De inmediato, cuando se presentó la situación, personeros de izquierda de diversas colectividades hicieron ver su estentóreo rechazo y lo mismo autoridades de gobierno, en especial cierto señor Ahumada a cargo de las relaciones comerciales internacionales; con argumentos especiosos, con cifras falsas, con dichos absurdos, con posturas viscerales y la resucitación y peroración de consignas añejas se intentó o aniquilar o demorar y finalmente abortar el tratado y sin embargo finalmente se le aprobó, una vez más por la fuerza irresistible de la lógica de las cosas.

Agréguese a eso el despliegue de las FF.AA en la zonas fronterizas del Norte del país. Una vez más dicha iniciativa materializa una situación intolerable para la izquierda, la presencia de las fuerzas armadas cumpliendo un papel protagónico ante una emergencia, como lo es la emigración masiva e irregular de miles de personas. Pero tenía que hacerse; el problema era ya mayúsculo y la gente lo exigía. Se hizo, entonces, pero una vez más tratando de acotar y disimular la naturaleza de lo que hacían por medio de un decálogo de protocolos repletos de DD.HH respecto al uso de la fuerza para repeler eventuales agresiones. De hecho no sólo el uso del recurso militar, sino la sola idea de que sea preciso controlar la inmigración resulta inaceptable para al menos algunos sectores de la izquierda, quienes consideran como parte de los derechos humanos la libertad de entrar al país que se desee.

Otro ejemplo de la permanente labor del gobierno por ocultar la realidad, rehacerla a su imagen y semejanza y rehuir el reconocimiento de su existencia lo dieron los incendios forestales desatados en febrero del 2023. Las evidencias señalaron más allá de toda duda razonable que tras al menos la mitad de los cientos de focos de incendios hubo una mano humana que voluntariamente los inició y que, por su número, estos no respondían entonces a la mera suma de actos cometidos por individuos aislados, un pirómano, un turista, une excursionista que dejó un fuego mal apagado, etc, sino provenían de la acción y propósito de una organización. Más aun, dichas organizaciones advirtieron que tal sería el caso, que continuarían con su "lucha" de ese modo. Pese a todo eso el gobierno evitó en lo posible aceptar esa evidencia, tomarla en serio en su dimensión e incluso intentó encontrar explicaciones alternativas, tales como el "cambio climático" o aun más, en boca de Carlos Montes, ministro de Vivienda y Urbanismo, culpó a los conejos que con sus colitas en llamas supuestamente incendiaron el país.

En otras ocasiones el gobierno no ha podido, no ha querido y se ha resistido a tomar medidas ni aun disfrazadas bajo un manto de palabrería; en esos casos recurre no a un acto cubierto de emplastos verbales, sino a una total inacción embadurnada de lo mismo. Ambas conductas, el acto disfrazado y la inacción camuflada, obedecen a razones que van más allá de los innegables déficits personales de los miembros del gobierno. Boric está condenado al inmovilismo en la macro-zona Sur, al inmovilismo en la economía y al inmovilismo en materias de seguridad y orden público porque moverse en un sentido u otro automáticamente aliena o a una parte considerable de su base de apoyo o a la ciudadanía en general. De ahí su intento de cuadrar el círculo con una retórica cambiante y cada vez más menudo ni siquiera con retórica, sino con balbuceos incoherentes, con cantinfladas, a veces con mentiras de 24 horas de duración. Boric es el hombre que tras el asesinato de un policía habla de "mover cielo, mar y tierra" para dar con los responsables, pero en seguida indulta delincuentes. Si sacara la voz que desea sacar, si renunciara a las mentiras y a la hipocresía, sus palabras espantarían a los inversionistas, a la clase media, fastidiarían a las FF.AA, alienarían a sus votantes y suscitarían ira, rechazo, protestas. Aun así lo poco que dice realmente expresando sus intenciones es suficiente para producir estragos. Por esa razón, con Boric los capitales en vez de entrar se están yendo del país, peor aun, la gente se está yendo. Su gobierno es criatura contrahecha incapaz de avanzar o retroceder. La insurrección de octubre 2019 los capacitó para demoler el gobierno de Piñera, dañar gravemente varias instituciones, destruir hasta ahora parcialmente la economía, deteriorar gravemente la seguridad ciudadana, llegar al gobierno e intentar erigir una nueva y revolucionaria constitución que hubiera demolido incluso la integridad territorial de Chile, pero en la misma medida que consiguieron esos "avances" fueron alienando a una fracción creciente de esa heterogénea multitud que los llevó al poder, multitud que no quiere lo que Boric quiere; esa masa votante no desea que el país se fragmente en autonomías jurídicas controladas por "pueblos originales"; esa masa electoral que lo propulsó a La Moneda no desea ver demolido el modelo neo-liberal que a muchos de ellos les permitió mejorar sustancialmente su nivel de vida; en breve, esa masa no es revolucionaria y votó "rechazo".

DISPARATES INTERNACIONALES

Estas rotundas incapacidades personales y políticas se han manifestado del modo más grosero y hasta ridículo en el ámbito de las relaciones internacionales. Ha sido así porque, en general, las acciones que son propias de esta área tienden a operar el 99% del tiempo sólo en el universo del discurso, de la palabrería y los gestos, sin suscitar estragos. Suelen ser costo cero. Es entonces un espacio ideal para desplegar posturas grandiosas, la tierra prometida de las buenas intenciones, los abrazos y las frases de buena crianza que no comprometen, así como tampoco lo hacen las denuncias y las quejas. Ni unas ni otras se desplazan desde el territorio del verbo al espacio de los hechos duros. El mundo de las relaciones internacionales, de la diplomacia, como se manifiesta desde las peroraciones de la ONU hasta en los dichos del más humilde cónclave tercer-mundista, es un mundo donde se puede cantinflear a todo pasto con vocablos positivos, amistosos, buena onda o todo lo contrario. Se pueden permitir, sus oradores, las más flagrantes contradicciones, como ocurre con personeros y voceros de China hablando de paz y estabilidad y legalidad mientras amenaza con la guerra a Taiwan, desoyen el tribunal de la

Haya y pretenden apoderarse de enormes espacios marítimos. Por esa razón en el ámbito diplomático hasta un necio rematado tiene la oportunidad de darse gustos con declaraciones estruendosas o, al contrario, ubicarse positivamente con tan sólo reiterar las vaciedades "diplomáticas" de rigor.

Por eso las "*gaffes*" diplomáticas, aunque vistosas, suelen ser gratis. Los incidentes derivados de un comentario estúpido o una palabra de más pueden provocar un escándalo, pero rara vez una reacción importante. En casos especialmente chirriantes hay un "llamado a consulta" a los embajadores, pero no pasa de eso. Es, entonces, un ámbito donde, pese a que se asume que reina la prudencia y normalmente se practica, en caso de violarse no hay efectos letales.

De eso han dado pruebas Boric y su pandilla. Inspirados por ideologías y no por los intereses a largo plazo de la nación, como debe ser el caso en el campo de las relaciones internacionales, han creído y creen ver en las RR.EE un campo disponible para desplegar a *full* y sin límites la retórica altisonante del progresismo. Fue motivado por ese mecanismo que Boric cometió la más espectacular e inédita *gaffe* diplomática jamás cometida en todos los anales de dicha profesión: se negó a recibir en La Moneda al flamante embajador de Israel, quien venía con su esposa a presentarle sus credenciales. Lo hizo por una razón "valórica", ideológica, por la motivación de un ya viejo cliché de las izquierdas, el rechazo al "sionismo", el apoyo a la "causa palestina" y la aceptación de la retórica de grupos como Hamas o Hezbollah, los que no vacilan en cometer atentados criminales reclutando a niños entrenados y armados hasta los dientes, pero que, si son abatidos por las fuerzas policiales, instantáneamente se convierten en inocentes niños masacrados por el Estado de Israel.

La "causa palestina" se anida en el pecho de las izquierdas desde el año 1947 a la fecha y eso explica sus posturas; no mucho tiempo después de la humillación infligida al embajador, el gobierno volvió a irritar a Israel con una declaración de la cancillería denunciando los actos cometidos por las fuerzas israelitas en una localidad en la que se refugian, preparan sus atentados, viven y oprimen al resto de la población diversos grupos terroristas. Dos días antes uno de esos terroristas había dado muerte a más de media docena de israelitas que salían de un servicio en una sinagoga, pero de eso la Cancillería no dijo ni una palabra. Al gobierno se sumaron congresales de izquierda, como un tal señor Brito, quien espetó comentarios que merecieron una muy fuerte respuesta del embajador de Israel. Otros miembros de la generación política y demográfica de Boric también saltaron a la palestra a "condenar" a Israel por las muertes de terroristas armados hasta los dientes pero que se transforman en niños inocentes si resultan muertos.

Mucha debe ser la paciencia y el cálculo de la cancillería israelita para que ese incidente, casi único en la historia diplomática de todos los tiempos, sin otro precedente que el tratamiento dado por Hitler a los representativos de Austria y Checoslovaquia el año 1938, no tuviera inmediatas consecuencias; muchas, además, deben haber sido las explicaciones que la canciller chilena de ese tiempo, la señora Urrejola, dio para suavizar las cosas. El hecho, de todos modos, no ha sido olvidado ni quedará sin efectos.

Pero eso no era suficiente. No bastaba para satisfacer el ánimo y ambición de Boric, la de hacer uso del cargo para expectorar sus puntos de vista morales y políticos a propósito de cómo debe gobernarse el universo. Decidió, desde el púlpito que le ofrecía una asamblea de líderes progresistas, "Celac", —una especie de lastimosa recreación de *La Fiesta de los Vampiros* de Polansky— celebrada en Buenos Aires, "denunciar" la conducta del gobierno peruano que reemplazó al fracasado golpista Castillo, uno de esos políticos de arrabal que han emergido últimamente en América Latina, Tierra Prometida de la fanfarronería, el cantinflismo y el ridículo en todos sus sabores. Boric le reprochó al gobierno peruano que sustituyó a Castillo que reprimiera a civiles porque, en la visión de Boric, se trataba de "manifestantes pacíficos". No lo eran, pero aun si lo hubieran sido no es tarea de un presidente hacer reproches de esa naturaleza a un Estado vecino. Respecto a las represiones infligidas por naciones más cercanas a su corazón, como Corea del Norte, Rusia, Irán, Venezuela y Cuba, nunca ha dicho una palabra o cuando más ha expresado reproches con una singular suavidad y delicadeza.

El fracaso de Castillo, quien pretendió disolver el Congreso y gobernar apoyado por los militares, se convirtió, en la mirada de Boric y su sector, en un revés del progresismo y por tanto en un triunfo de la reacción, del fascismo, de la "derecha recalcitrante" según lo declaró otro de los políticos progresistas del momento, el presidente Fernández de Argentina. Nuestras relaciones con

Perú, país limítrofe, han sido siempre delicadas; deben ser manejadas con infinito cuidado, con sabiduría, esto es, todo lo contrario de cómo lo hizo Boric. La molestia que provocaron en la cancillería peruana y el pueblo peruano las torpes palabras de Boric, quien parece creerse padre Confesor de las almas del sub continente, fue mayúscula. A diferencia de Boric y su gente, los peruanos no están inclinados a describir la agresión callejera de turbas izquierdistas como un acto "democrático" de manifestantes pacíficos y que debe ser respetado. Para Boric, quien cierta vez declaró que la toma de terrenos por grupos mapuche era una "liberación de territorio", el vandalismo de las chusmas peruanas o chilenas es admirable y debe dejárseles libre curso y, si acaso son condenados por sus delitos, deben ser indultados.

Si acaso alguna vez Boric duda, cuenta con referentes y pastores de almas que guían su "pensamiento" en materia de Relaciones Internacionales, lumbreras como el presidente de México, como el Presidente de Argentina y como cualquier histrión que la dinastía Castro ponga en el poder en Cuba, a quienes se suma un personaje tan desprestigiado y fracasado como Zapatero.

Fernández, el actual caudillo de la banda de piratas que (2023) gobierna Argentina desde tiempos inmemoriales, no debiera ser referente de nadie, salvo quizás de Alí Babá. Es el típico jerarca argentino en que se aúnan hebras del peronismo, del anti-imperialismo, del oportunismo, la incompetencia, el latrocinio convertido en sistema e institución y una completa y perfecta ignorancia en materia económica al punto que alguna vez declaró que la inflación de sus país era "cosa mental", entidad imaginaria creada arbitrariamente por el pueblo argentino.

A Maduro el presidente Boric no se atreve pública y abiertamente a ponerlo en su devocionario debido a la mala fama que se ha ganado, pero en su condición de autócrata latinoamericano con arrebatos verbales como los de tantas novelas del género, Maduro junta las virtudes necesarias para ser admirado por Boric. De seguro hay un rincón de su corazón donde lo tiene acomodado. En cuanto a Zapatero, se ha "re inventado" como uno de esos ideólogos, consejeros y ayudas de cámara itinerantes que aparecen en todas las asambleas de la izquierda, desfilan por –contra reembolso– numerosas testeras, visitan universidades y desparraman la sabiduría de su obsolescencia política en los receptivos oídos de una generación tras otra de estudiantes "progres".

Sería erróneo o al menos insuficiente adjudicar a la ignorancia, la inexperiencia y la pura y simple mediocridad el catálogo de torpezas y desatinos cometidos en la esfera de las relaciones exteriores antes que se cumpliera un año del gobierno de Boric. Sus palabras y actitudes no son sencillamente fruto de su incompetencia; aunque eso está presente, en lo principal sus conductas y las de su conglomerado son manifestaciones de una ideología. Boric, los miembros de su gabinete, los partidos que lo apoyan, las feligresías del Frente Amplio, muchos de sus simpatizantes y un mayoritario porcentaje de las cohortes demográficas más jóvenes están empapados y empapadas de un conjunto de ideas, eslóganes, principios, máximas, clichés, visiones y definiciones que conducen inexorablemente a las decisiones que toman porque es en dicha ideología que se basa su mirada del mundo, de la sociedad, la naturaleza humana, los valores y las metas de la humanidad, visión radicalmente distinta a la que anima al ciudadano común y corriente. Este último ve en todo eso una suma de estropicios mayúsculos, ruinosos, tóxicos, absurdos y delirantes y por eso, cuando Boric cometió lo que para el mundo normal es la inmensa descortesía y chambonada diplomática de no recibir a un embajador que le iba a presentar sus credenciales, para él, en cambio, era la conducta debida en función de sus ideas preconcebidas, de su mirada acerca de la causa palestina y del Estado de Israel. Lo mismo sucedió con sus juicios sobre la situación que se vivía en Perú en enero del año 2023 luego del intento de Castillo de disolver el Congreso. Y la misma mirada político-ideológica lo llevó a comprometerse con el presidente argentino a no recibir en puertos chilenos barcos británicos que lleven suministros a las islas Falkland. El hecho de la suma importancia de nuestra larga y tradicional relación con el Reino Unido no vale nada, en la mirada de Boric y sus socios, ante los imperativos de su ideología

En no pocos sentidos el gobierno de Boric, al menos en este aspecto como partícipe del orden —o desorden— mundial, se asemeja no poco al régimen de Mussolini tal como aparece retratado en una excelente obra de Pers Brendon[9]. Como el de Boric, el régimen del dictador italiano, cuyo cuerpo ya ajusticiado terminó colgando de un farol por obra de los mismos que lo celebraban como *il Duce*, basaba su existencia política interna y externa en fanfarronadas discursivas sin el más mínimo contacto con la realidad.

---

9 The Dark Valley: a history of the 1930's

Dicha ausencia de contacto con el mundo real, con el complejo tejido de interacciones entre poderes nacionales de diversa cuantía, distintos intereses, poblaciones, fuerzas militares, geografías, etc., permea las iniciativas internacionales de Boric. Su cartografía mental acerca de las relaciones internacionales es como de esos mapas de la antigüedad repletos de vacíos compensados con figuras fabulosas. En los temas internacionales Boric y su gente, para gran daño actual o futuro de Chile, han sustituido la observación, examen y gestión de la realidad con una retórica marchita, así como en el plano interno ha sustituido la acción inteligente por anuncios, mesas de diálogo, discursos, promesas, imágenes, consignas y eslóganes. Para el 2023 lo hará con una infinita e interminable puesta en escena conmemorativa del 11 de setiembre de 1973. Toda una resurrección de Mussolini, aunque de menor calibre.

¿REVOLUCIÓN ABORTADA?

Si su gestión como gobernante ha sido, hasta marzo de 2023, una muesstra de total incapacidad para afrontar el delito, la inseguridad, la huida de capitales, la emigración masiva de profesionales, la poca inversión, la inflación y el crimen organizado, para no decir nada de la macrozona sur, su conducta como revolucionario no ha sido mejor porque no ha logrado lo que él y su base de apoyo deseaban. Eso lleva a preguntarse qué condición debe estar presente para que un movimiento revolucionario complete su tarea y se consolide. ¿Qué hubiera debido

tener a mano Boric para seguir adelante con su agenda?
Lo que hubiera debido tener a mano es lo que esencialmente requiere todo revolucionario, a saber, un poder que le permita aplastar cualquier oposición. Ese poder se puede obtenerse si se cuenta con AL MENOS UNO de los siguientes pilares:

1.– El control de un aparato armado y/o la paralela desintegración o neutralización de la fuerza policial y militar del régimen que se está derribando. Casos clásicos son la revolución francesa y la bolchevique. En la Francia de 1789 el ejército real ya no era confiable y simultánea y rápidamente el movimiento revolucionario organizó milicias armadas; en la Rusia de 1917 el ejército zarista fue demolido en las trincheras enfrentando a Alemania y el Zar ya no pudo contar con él para reprimir la sublevación bolchevique, que además se había armado en grado considerable. Las independencias nacionales —son una revolución— sólo han sido posibles merced a la rápida formación de ejércitos locales o de otro modo hubieran sido aplastadas. Igual ocurrió con la revolución anti monárquica de 1649 en Inglaterra. Contando con una fuerza armada victoriosa, la revolución puede seguir adelante aun si no cuenta con un apoyo generalizado de la población.

2.– Si no se cuenta con un grado de control de fuerza letal, al menos los revolucionarios deben ser capaces de lograr el control de las instituciones del Estado de modo que la demolición del *ancien régime* se lleve a cabo desde dentro. Es lo que hizo Hitler. Hitler no contaba —al comienzo— con el control del ejército alemán, pero sí, en su calidad de Canciller, de medios jurídicos y administrativos que le prestaron legitimidad a sus actos y dificultaron una reacción. Contaba, además, esto es esencial, con el respaldo de las *"Sturmabteilung"*, las S.A, grupo paramilitar de gran fuerza. Es lo que pretendió hacer el gobierno de Boric con la proposición constitucional eventualmente rechazada en el plebiscito de salida. En forma paralela se intenta neutralizar a las FF.AA mediante el artificio de repletar de asesores y burócratas comunistas las instituciones de defensa.

3.– Si nada de eso es posible, un mínimo absoluto para seguir adelante es contar con un apoyo MUY MASIVO de la población. Si tal apoyo existe, este, por definición, incluye en un grado u otro al personal del aparato político-militar del régimen que se desea demoler. Es muy difícil sino imposible reprimir a una población si esta, muy masivamente, apoya una causa. El caso clásico es el de Irán cuando a fines de los años 70's se derribó el régimen del Sha.

A comienzos de 2023 el presidente Boric no contaba con ninguno de esos pilares para continuar con sus "transformaciones profundas". No controlaba a las FF.AA, la proposición constitucional de la Convención fue abrumadoramente rechazada y su apoyo ciudadano estaba por los suelos. La hueste votante que lo llevó al poder se disolvió en sus elementos componentes. Dichos votantes, una masa homogénea al momento de votar, se convirtieron en una suma heterogénea de individuos al día siguiente de haberlo hecho. Esta pérdida de apoyo ciudadano se manifiesta en cada encuesta y las cifras no hacen sino empeorar.

Entonces, ¿de qué otros medios podía disponer Boric para materializar su agenda? La situación económica era ya bastante grave y se preveía peor para el 2023; su prestigio personal muy bajo, catastrófico su fracaso ante las crecientes acometidas de la CAM y otros grupos, patéticas sus excursiones internacionales, nulo en su lucha contra el delito, ridículos sus alardes discursivos y objeto de desprecios, mofas y faltas de respeto en la calle y en las redes sociales. Es posible que sus esperanzas descansen ahora en un "buen resultado" del proceso constitucional 2,0, donde espera, posiblemente con no muchas ilusiones, obtener un resultado que le permita seguir en la ruta revolucionaria o siquiera fingir que avanza por ella. Lo mismo aguarda toda su coalición.

¿Qué escenarios son posibles o incluso se presentarán forzosamente debido a la porfiada realidad en que se mueve o más bien está atrapado el presidente? ¿Cómo reaccionarán los elementos más radicales de la izquierda, tanto el partido Comunista como algunas facciones del Frente Amplio, ante las dificultades para proseguir con sus planes políticos? ¿A qué extremos se verán tentados a llegar grupos como la CAM y/o RMM en la macro-zona Sur? ¿Cuál será la reacción de las FF.AA si dichas organizaciones subversivas, en sus acciones terroristas, van aun más lejos de lo que lo han hecho hasta ahora? ¿Cuál será la reacción de la oposición, colaboradora en la tarea de perpetrar una nueva Constitución? ¿Hasta qué niveles de descrédito llegará Boric ante la opinión pública? ¿Qué sucederá si la situación económica sobrepasa ciertos umbrales de cesantía e inflación? ¿Cuáles serán las repercusiones tanto políticos como económicas si el escenario mundial entra en una desastrosa espiral de guerras?

¿Cuáles serían los efectos de una nueva pandemia? ¿Qué procesos y fenómenos se verán en el curso de la segunda intentona por crear otra constitución como resultado del acuerdo de la clase política al respecto? ¿Qué ocurrirá si sale un proyecto no muy distinto al de la primera vez?¿O si, siendo distinto, desde un comienzo la izquierda lo califica como "insubsanablemente inválido"?

Hay aun otras preguntas y otras incógnitas porque el planeta ha entrado en una fase de inestabilidad global aguda que hace imposible descartar la ocurrencia de fenómenos que, hace un par de décadas, nos habrían parecido imposibles, como lo es la guerra entre Rusia y Ucrania. ¿Cómo va el gobierno de Boric a enfrentar todo eso o siquiera una combinación cualquiera de dichos problemas?

La gran pregunta, sin embargo, es la siguiente: ¿es, dicha falta de elementos o bases de apoyo para continuar adelante con la revolución, razón suficiente para juzgar que ya abortó? Para intentar dilucidarlo examinaremos los escenarios o "futuribles" que pueden desarrollarse o no en el curso de los años 2023 y 2024.

LOS FUTURIBLES

El diccionario de la Real Academia de la Lengua Española define "futurible" como "una cosa que podría existir en el futuro si se diese una condición determinada". En nuestro caso las condiciones requeridas por los "futuribles" que examinaremos son alguna combinación de los hechos o contingencias que acabamos de examinar en la sección anterior en la formas de una serie de interrogantes. Cada escenario asume que uno o más de esos eventos se materializan. Una constante operando en todos los escenarios es la naturaleza contradictoria de un régimen que pretende impulsar una revolución sin contar con los pre-requisitos políticos, jurídicos y de fuerza para ello.

Examinaremos esos escenarios bajo el entendido que se trata de un ejercicio puramente especulativo y recordando a los lectores que "posible" no es igual a "probable"; de hecho resulta muy difícil adjudicarle a ninguno de los escenarios un grado de probabilidad, ya sea alto o bajo. Los escenarios que hemos contemplado son cinco y los pondremos no por orden de mayor a menor probabilidad, sino quizás de menor a mayor peligrosidad. El ejercicio no tiene otro fundamento que una relativamente plausible adivinanza. Todo es esencialmente especulativo, incluyendo los títulos.

1.– El síndrome Haití o un gradual descenso al abismo.

El escenario más probable –pero no necesariamente el mejor, aunque sí el menos peligroso por ser tal vez el menos violento– es simplemente una prolongación en términos cada vez peores de la actual situación hasta el día final del gobierno de Boric, esto es, sin que a lo largo de sus 4 años haya dado solución a los problemas económicos, al conflicto en la Macro-Zona Sur, a la inmigración desbocada, al colapso de las disciplinas estudiantiles, a la delincuencia y al descrédito de las instituciones republicanas; en este escenario esos temas seguirían persistiendo sin otro cambio que un creciente empeoramiento. Es el escenario del desorden social en aumento, de una delincuencia en aumento, anomia y descomposición del tejido social en todos su aspectos acercándonos así al modelo mejicano y apuntando como destino final al haitiano. El proceso puede hacerse más lento en la medida que ciertos frenos institucionales lo demoren, pero de todos modos sería su dirección y destino final; en el mejor de los casos, el proceso de deterioro puede estabilizarse en un nivel equivalente o algo más bajo que el standard latinoamericano, el standard en el que el estancamiento convive con la pobreza, la pobreza con la corrupción y la corrupción con el crimen. En el ámbito político la izquierda tendería a desmembrarse entre los ultras que pretenderán resolver los problemas promoviendo frenéticamente medidas populistas aun más extremas y los "izquierdistas democráticos", quienes estarán disponibles para cualquier acuerdo que les permita mantenerse a flote. Acompañando todo eso es muy probable el resurgimiento y/o reactivación de viejos grupos de "combatientes" como el MIR y el FPMR y la aparición de otros nuevos, todos inclinados a ejercer violencia letal ; podemos asumir también que se consolidaría el dominio de facto de la Araucanía por la CAM y otros grupos similares.

2.– Gabriel imitando a Gabriel

Este escenario es bastante improbable, cercano al cero, pero no imposible. No puede descartarse porque en el curso de la historia humana no son pocas las ocasiones en que lo aparentemente imposible ha sucedido para sorpresa de los contemporáneos y luego de los historiadores. En este escenario Gabriel Boric imitaría a Gabriel González Videla, quien, aunque llegado al poder a lomos de los comunistas, en seguida, dada las acciones que este partido pretendió materializar los expulsó del gobierno, los puso fuera de la ley y los convirtió en perseguidos. Este es el caso extremo de voltereta, aunque en esta oportunidad dicho libreto puede adoptar formas menos dramáticas. Gabriel Boric podría no proscribir ni perseguir a nadie, sino sólo alejarse del partido Comunista y del Frente Amplio y acercarse mucho más a la "izquierda democrática" tomando medidas inspiradas en ese bloque y aun de la oposición. Es un escenario que tolera tantas variantes como grados tenga ese eventual acercamiento. Puede combinarse con el anterior para dar forma a ese deterioro relativamente frenado que, a su vez, daría lugar a un estado de equilibrio de bajo nivel.

3.– Renuncia o Colapso

Si la actual situación de malestar político, social y económico acelera su marcha hacia el abismo, si el deterioro de todos los factores en juego se hace más rápido, si la inflación llega a los dos dígitos, si la cesantía pasa del 25%, si la deuda pública es ya inmanejable y similar empeoramiento manifiestan los demás elementos que constituyen la actual situación, este "futurible" podría consistir en un término anticipado del actual gobierno en la forma de una renuncia del presidente Boric y un llamado a nuevas elecciones, o, alternativamente, a un colapso de la salud mental del mandatario, que ya sabemos es delicada; un enorme cúmulo de presiones le haría imposible continuar ejerciendo el cargo, haciendo necesarias nuevas elecciones.

Esa renuncia o colapso podría ser detonada por un evento crítico de grandes dimensiones que sobrepase en mucho el actual nivel de violencia y desarreglo institucional y escape totalmente a las escasas capacidades de tratamiento de la clase política y del presidente, una crisis que en su gravedad lleve a tal nivel la furia ciudadana que la continuación del actual mandato presidencial sea inviable. Es imposible prever qué evento o coyuntura crítica podría suscitar la materialización de este muy poco probable escenario. ¿Tal vez ataques terroristas con un gran número de víctimas fatales, pero con el gobierno aun negándose a tomar medidas decisivas contra esos grupos, incapaz de hacerlo y sólo anunciando querellas "contra quienes resulten responsables"? ¿Una sucesión de motines y movilizaciones multitudinarias derivadas de la situación económica? ¿Un paro camionero en gran escala? ¿Un colapso brutal de las exportaciones como efecto de condiciones externas tales como una guerra de grandes proporciones que congele completamente el comercio mundial?

4.- Intervención militar

Aunque no poca gente desearía una intervención militar ahora mismo y en verdad la quieren desde hace ya tiempo, parece inconcebible que eso ocurra si se toma en cuenta la historia de la relación entre las FF.AA, los gobiernos y la ciudadanía en los últimos 50 años. Considerando el descrédito que cayó sobre ellos por sus "atropellos a los derechos humanos", los numerosos oficiales que terminaron con sus huesos en la cárcel, el constante desfile por tribunales de otros tantos, la leyenda negra que se elaboró y se les adosó a lo largo de décadas, la transformación de Pinochet en un monstruo de nivel planetario y un largo etcétera, lo último que quieren los militares es intervenir en los asuntos civiles, disgusto perdurable e intenso por mucho que también les disguste la casta en el poder, la clase de gente que la constituye, sus ideas, su notorio desprecio por los valores patrios, su desdén y odio hacia todo lo militar, su agenda revolucionaria, su incompetencia para gobernar, la ruina económica que promueven con su ignorancia o su odio al modelo "neo-liberal" e incluso por sus intentos, a través del mismísimo Ministerio de Defensa, de inmiscuirse en la formación de la oficialidad y eventualmente convertir a las FF.AA en la guardia pretoriana del partido Comunista. Pese a eso el espíritu, la postura, la actitud prevaleciente en las FF.AA de hoy es de tal naturaleza que, de haber existido uno similar en tiempos de Allende, no se hubiera producido un golpe militar el 11 de septiembre de 1973.

¿Significa eso que una intervención militar es imposible? No, porque no hay nada en el curso de los eventos humanos, como abundantemente lo demuestra la historia, que pueda descartarse absolutamente. Significa que es el escenario más improbable de todos. En todo caso una acción de esa naturaleza depende de dos factores o sub-escenarios:

a.– Que la crisis del país sea de tal extrema gravedad que amenace seriamente la integridad territorial y/o institucional ya sea por la acción de adversarios o enemigos internos o externos y/o porque el conflicto político haya llegado a un nivel que ponga al país al borde de la guerra civil; sólo entonces y a regañadientes los militares quizás –quizás– se sentirían obligados a actuar porque, más grande que su reluctancia a inmiscuirse en la política, es su sentimiento del deber ante una situación como la descrita. Una situación tan extrema como esa pondría en primera línea la razón misma de su existencia como uniformados, que es la preservación de la nación.

b.– Que, dadas esas condiciones extremas, las FF.AA encuentren un modo de llevar a cabo esa intervención SIN que signifique un atentado directo a la institucionalidad política, esto es, que no sea equivalente a un golpe de Estado.

¿Es posible esto último? Al menos son posibles dos sub-sub-escenarios imaginarios. En uno de ellos las FF.AA toman la acción que consideran absolutamente necesaria —por ejemplo, destruir a la CAM o poner término de una vez por todas a la invasión migratoria— independientemente de la voluntad y órdenes del gobierno, esto es, constituyéndose en el momento de la crisis en una institución operando por su cuenta ya sea expresa o tácitamente, pero sin desalojar a los ocupantes de La Moneda ni cerrar el Congreso. Es posible también imaginar a las FF.AA advirtiendo privadamente al gobierno que, aun si no hay una orden del mundo civil para hacerlo, tomarán las medidas que sean necesarias para encarar la crisis. Aun más, esta advertencia podría ser dada explícita o implícitamente. En otras palabras, es posible imaginar a las FF.AA abandonando su enclaustramiento y convirtiéndose en agente político activo, pero sin pretender hacerse formalmente del poder como ocurre en un golpe militar. Algo parecido a eso ocurrió en Bolivia cuando sacaron del trono al indígena vitalicio, Evo Morales.

El escenario del golpe de Estado *sans phrase* es, en cambio, enormemente improbable.

5. Guerra Civil

Las guerras civiles ocurren, como las otras, pese a la incredulidad con que la mera posibilidad de dicha ocurrencia suele ser vista por el público. Una guerra es evento tan catastrófico, tan ajeno a la vida normal, al instinto de supervivencia, al impulso por alejarse del peligro y la violencia, que cuando se menta la posibilidad de que pueda suceder esta es negada con pasión, es considerada imposible, rechazada con indignación o con sorna.

Y sin embargo las guerras civiles ocurren. En Chile ha habido varias, no sólo la más famosa de 1891. A lo largo del siglo XIX no menos de en cuatro ocasiones se produjo un conflicto de ese tipo de mayor o menor amplitud y duración, pero guerra civil al fin y al cabo, esto es, un enfrentamiento físico de fuerzas e intereses políticos incapaces de llegar a acuerdos e intentando entonces imponer su voluntad destruyendo la capacidad de resistencia del adversario. Amen de una distancia ya irrebasable en lo político, una condición necesaria es que los bandos enfrentados hayan llegado a un hervor emocional que los motive a detestar y desear la destrucción física del adversario. Tales son las condiciones de la guerra civil y hoy ya se están desarrollando. El país se ha dividido social, económica y políticamente en dos bandos irreconciliables incapaces de encontrar un terreno común y crecientemente encrispados el uno con el otro. Dentro de este cuadro general hay situaciones locales que agudizan aun más esta división, como sucede en la macro-zona Sur por obra de los grupos que pretenden reivindicar los presuntos derechos de un supuesto "pueblo originario". Las acciones armadas de la CAM y otros grupos, sus ataques incendiarios, sus asesinatos, sus amenazas, sus llamados a combatir el Estado, su total disrupción de la vida normal de esa zona, ha llevado paulatinamente a fracciones aun minoritarias pero crecientes de la población de dicho sector del país a la conclusión de que, puesto que el Estado no hace sino hablar de querellas, debe entonces armarse por su cuenta y enfrentar en ese plano a esas organizaciones terroristas. Eso es un pródromo de guerra civil, la cual se irá haciendo cada vez más probable en la misma medida que el Estado, hoy en manos de la izquierda, se siga revelando incapaz de hacer nada y si tampoco los militares impiden el desastre tomando la situación en sus manos.

HAPPY END?

¿Y no sería posible un escenario optimista, un futurible en el que los problemas se resuelvan o estén en camino de resolverse o al menos no se hagan peores? Es difícil debido al gran tamaño de los problemas y el pequeño tamaño de la mente y el valor de la actual clase política de izquierda y de derecha, pero no puede descartarse; sucede y ha sucedido que un giro histórico inesperado, la irrupción de personalidades de magnitud superior, cambie el rumbo de la nación en breve tiempo y en dirección contraria, o al menos haga un efectivo control de daños. Un caso es el de Franklin Delano Roosevelt en el Estados Unidos de los años 30 y su *New Deal*, el cual no superó pero contuvo dentro de márgenes manejables la depresión iniciada en 1929. Es muy difícil porque para eso se requeriría un giro mental de los actuales incumbentes del poder y/o de los recién llegados, nuevas concepciones políticas, el valor necesario para "quemar lo que has adorado y adorar lo que has quemado", una devoción total al país y ya no al interés personal y una resolución enorme para poner en práctica las medidas duras que se requieran para restaurar las disciplinas perdidas, reprimir a los termocéfalos, imponer restricciones dolorosas y en todo sentido reconocer que se ha estado equivocado. Esperar eso de un personaje como Boric y del 99.99% de su elenco o el súbito arribo de otra clase política es casi esperar milagros.

Todo es incierto y por eso en el segundo párrafo de este

libro escribimos lo siguiente:

¿Terminó, entonces, la aventura revolucionaria casi en el momento mismo que empezaba haciendo inútil este libro? ¿Fue, la llegada del progresismo al gobierno, un caso de "debut y despedida"? ¿No tiene otro destino el mandato de Boric que transitar a los tumbos por el camino de la mera administración y gestión? ¿Verán, los tratadistas del futuro, este intento de "transformaciones profundas" como una mera explosión generacional, un carnaval estridente y algo tonto incapaz de nada salvo manifestar en el espacio público anhelos, emociones, aspiraciones e idiotismos de folletín y panfleto?

La pregunta aun no tiene contestación.

...

PARTE II

LOS DICHOS

DEL DISCURSO

El "Discurso del Método", libro cuyo título completo, nos informa Wikipedia, es "Discurso del método para conducir bien la propia razón y buscar la verdad en las ciencias", es la principal obra escrita por René Descartes y obra fundamental de la filosofía occidental. Se publicó anónimamente en Holanda, en 1637.

La izquierda, por su parte, tiene su "método del discurso" en infinidad de versiones que van desde la gran teoría al cantinfleo desvergonzado. Hoy se lo llama "discurso políticamente correcto" y su propósito no es "conducir bien la razón" sino conducir exitosamente al poder. Ha sido publicado, reeditado, re-palabreado y manoseado desde tiempos inmemoriales, sin muchos cambios en su forma y pocas en su contenido. Es el método del cliché, del simplismo, la invectiva, la ilusión, la promesa, el mito, el dogma, la satanización del adversario, la cancelación del descreído, la imposición de mentiras o más bien, especialmente en estos días, la indistinción entre mentira y verdad. No pueden entenderse las iniciativas y programas de la izquierda o sus equivalentes de todos los tiempos sin conocerse ese discurso, sin examinarse su base ideológica, el fundamento de sus motivos y sus actos. Menos aun puede comprenderse el sentido de una revolución sin dicha base "programática". La revolución francesa sólo es inteligible si no olvidamos sus tres principios seminales, "Libertad, Igualdad, Fraternidad", como tampoco podemos entender el sentido de la independencia de las colonias americanas de Inglaterra si olvidamos que en la declaración de dicha independencia sus redactores dijeron lo siguiente:

> "Sostenemos como evidentes estas verdades:
> que los hombres son creados iguales; que son
> dotados por su Creador de ciertos derechos
> inalienables; que entre estos están la vida, la
> libertad y la búsqueda de la felicidad..."

Del mismo modo la revolución que intenta llevarse a cabo en el país no se entiende si no se examinan los principios ideológicos que constituyen sus motivos, alimentan su agenda y a veces incluso sus tácticas. Es un discurso "políticamente correcto" que en todo orden de cosas pretende establecer axiomas y verdades presuntamente indiscutibles acerca de la economía, la cultura, el modo de hablar, las sexualidades, el medio ambiente, la educación, las relaciones internacionales, las etnias, los derechos, los valores y un inacabable etcétera. Esta segunda parte se dedicará a un examen de ese cuerpo ideológico.

DOS FILOSOFÍAS DE UTILIDAD PÚBLICA

Si para entender los movimientos políticos y sociales se requiere comprender la base doctrinaria de donde surgen, las ideas y sentimientos que impulsan sus actos, a su vez a esa base doctrinaria se la entiende sólo si conocemos el fundamento filosófico de la cual proviene. Todo movimiento es en su raíz un conjunto de ideas filosóficas convertidas en convocatorias, esto es, en ideología.

Hay dos variedades de filosofía que alimentan esas doctrinas y esos discursos. Una se origina, circula y rige en la calle, la otra emerge desde previsibles *papers* académicos, refritos con más notas al pie de página comentando obras ajenas que texto agregando algo nuevo, gran abundancia de consideraciones pedantes y referencias bibliográficas. A la filosofía callejera solía llamársela "sabiduría popular" y a la de los paraninfos se la denomina "pensamiento académico". De la cópula entre estas dos variedades nace el "discurso políticamente correcto" y de este a su vez se originan las consignas, suerte de zombies mentales aun más simplificados y banalizados. Estas dos variedades, la callejera y la académica, no se distinguen mucho: ambas son precarios armazones constituidos por un aglutinamiento de clichés y banalidades de antigua o nueva data. La diferencia es más verbal y temperamental que conceptual; la nacida en la academia es algo más alfabeta y mucho más pretenciosa y la callejera se vanagloria de su raíz "popular", pero las dos coinciden en su calidad de inarticulados cuerpos de sofismas, prejuicios, perogrulladas e ilusiones adolescentes espolvoreadas y condimentadas con buenos sentimientos.

Comparten, además, el ser muy ambiciosas; no sólo hacen estentóreas proclamas acerca de la naturaleza del universo, sino además exigen las conductas debidas, so pena de sanción. En tiempos especialmente brutales, como durante los años de "papá" Stalin, la sanción por no beberse la ideología marxista tomó la forma de un balazo en la nuca; en la Edad Media se quemó al hereje en la hoguera; hoy se limita al extrañamiento social, el ridículo, el desprecio, la funa, el despido laboral o, en casos muy graves, la "cancelación".

Amen de todo eso, ambas poseen la maravillosa virtud de su contundente simpleza, haciéndolas accesibles a todos los entendimientos. Se ofrecen pre-masticadas y pre-digeridas facilitando su consumo sin necesidad del más mínimo esfuerzo. Como *bonus track* sus feligreses obtienen un anestésico de amplio espectro capaz de adormecer y luego glorificar falencias personales y colectivas. Es el gran secreto de su éxito.

Y LA TERCERA FILOSOFÍA

Hay una tercera filosofía que no circula por ninguna parte ni da origen a "movimientos". Subsiste más que existe, está al alcance de pocos y es de interés de aun menos. Es la que hace honor al significado de su nombre, "Amor por la sabiduría", aunque debe entenderse dicho amor no como el dirigido a tal o cual doctrina sino a la actitud que lleva a filosofar y no necesariamente a adherir a "una" filosofía; es el amor a esa disposición que nos hace preguntarnos por el porqué, el cómo, la esencia y el significado de aun lo más obvio y preferentemente de eso, de lo que a primera vista se presenta como "obvio". Por lo mismo esta filosofía, la verdadera, es impopular, como lo es todo amor que requiere mucho trabajo. Quien decide amar la sabiduría no busca un evangelio al cual arrimarse y en él reposar, sino se somete a una disciplina con la que debe comprometerse y en la que no hay reposo. Eso supone el supremo esfuerzo de escrutar el entorno mediante un uso riguroso de las facultades intelectuales que se tengan, sin descanso ni tregua. Dicho "entorno" no es sólo el mundo físico, la naturaleza, el cosmos, sino además lo que el prójimo dice, cree y opina. Examinar críticamente esto último era lo que hacía Sócrates cuando se reunía con sus conciudadanos.

Filosofar es tarea difícil. No es cuestión de convertirse en discípulo de un filósofo y alimentarse de SU pensamiento, sino en ser crítico aun de aquel de quien se acepta gran parte de su pensamiento. Hay más; filosofar implica no sólo oír críticamente lo que dice una eminencia, sino desoír la estridente e invasiva algazara de los lugares comunes, deshacerse de la pegajosa y obstinada presencia de innumerables clichés, ensordecerse a las incoherentes opiniones del vulgo, a las frases sonoras sembradas al voleo por las autoridades de turno y las banalidades solemnes de los académicos de la legua, aunque sin duda el esfuerzo más arduo es invalidar lo que se presenta sin trabajo, lo primero que se viene a la cabeza, el membrete conceptual a la mano. Todo pensamiento de quita-y-pon debe anularse cuando se pretende encarar seriamente un tema. Filósofo es quien se empeña en forma regular y sistemática en esa labor de discriminación e investigación hasta de lo que parece obvio y ha sido consagrado por el consenso; es filósofo aunque no tenga titulo de ninguna universidad ni haya publicado una Suma Teológica.

En esta segunda parte del libro nos ocuparemos de los contenidos que son hoy usuales de las dos primeras variedades, la callejera y la académica, porque es de estas de donde surgen las "doctrinas" que a su vez alimentan los movimientos. Es a su contrahecho y mórbido cuerpo al que le practicaremos un examen patológico. Es criatura bicéfala –y acéfala– que no merecería sino una rápida sepultación, pero es su pensamiento y sentimiento el que alimenta el actual progresismo en boga y por eso debe ser examinado como se examina un tumor maligno.

EL ORIGEN

Polifacético es el origen del "pensamiento" callejero y hasta del académico, fundamentos de toda doctrina y de todo movimiento. En ocasiones dichos orígenes son simplemente las opiniones anónimas que circulan en número infinito; en otras la fuente primera son labios respetables, pero cuyos dichos con el tiempo han caído en hocicos menos ilustres y fueron simplificados, distorsionados y a menudo convertidos en el opuesto de su primitiva significación. Otras veces, muchas, esas opiniones nacen de las bocazas de comentaristas de la televisión y/o de animadoras de matinales de los mismos o de la radio, sin tener otra validez que su masiva difusión y la hueca credibilidad que les presta la fama o "rating" de quien las propuso; hay también afirmaciones sin otro fundamento que haber sido voceadas por una autoridad o celebridad. En este último caso, cuando se acepta una sentencia sólo porque tal o cual personaje ilustre o famoso la aseveró, el inevitable resultado es el error, la complacencia, obsecuencia y servilismo. Durante la Edad Media y todavía en el llamado "Renacimiento" muchos avances fueron completamente pasmados porque siglos antes Aristóteles había afirmado algo rotundo y definitivo sobre el asunto y no había nada que agregar o revisar. "Aristóteles dixit", Aristóteles lo dijo, era suficiente para terminar la discusión.

Normalmente no es un Aristóteles la fuente de las proposiciones que conforman la doctrina del momento; tampoco es siempre un pobre diablo (a) de la radio o la televisión. Lo más frecuente es que sea un señor llamado "se dice". Este caballero es padre putativo de infinidad de tonterías. "Se dice" esto, "se dijo" aquello, pero, ¿quién era ese que lo dijo? Nunca se sabe. Es como el rumor que trae el viento, lo que escribió un periodista anónimo, lo que creyó escuchar el panadero mientras metía la masa al horno, el producto mentalmente parapléjico de una cadena de distorsiones e idiotismos. El "se dice", además, suele estar cargado de malevolencia. Lo que "se dice" casi siempre es venenoso y tal vez por eso suele tener rápida aceptación.

Y luego está Perogrullo. Perogrullo es padre y madre aun

más fértil de idiotismos que el "se dice" porque, siendo banalmente verdadero siquiera algo de lo que afirma, entonces por falsa, mañosa asociación, suscita en quien lo escucha la idea de estar oyendo TODA la VERDAD y NADA MÁS que la VERDAD, una afirmación indiscutible e irrefutable y a veces incluso profunda. La perogrullada suele decirse con solemnidad, tono que es un eficiente caza bobos. Es especialmente engañosa cuando constituye la premisa mayor de un silogismo; en ese caso, siendo obviamente cierta hasta ese punto, tiende a endosarle artificiosamente su obvia verdad a la premisa menor y a la conclusión, esto es, al resto del silogismo. Si mi premisa mayor es "todos los hombres son mortales", lo cual es una perogrullada, para luego continuar con una premisa menor que diga "Sandokán era hombre" y concluir entonces que "Sandokán era mortal", muchos considerarán impecable el argumento sin razonar que Sandokán no puede ser mortal o inmortal porque no es un hombre sino personaje literario y por consiguiente su existencia no depende de la condición humana ni su identidad se resuelve con ese silogismo. Más aun, suelen convertirse en perogrulladas no sólo afirmaciones evidentes aunque sean banales, sino afirmaciones que parecen evidentes sólo por mera repetición. La repetición las hace parecer obvias. ¡Se han dicho tantas veces! Más obvias aun parecen si son espetadas desde la vereda del poder porque, en ese caso, flota sobre la cabeza del oyente la amenaza actual o temida asociada al hecho de negarlas. Ese poder puede ser simplemente el de la opinión pública y recientemente, aun peor, ese ente indescifrable llamado "discurso políticamente correcto" voceado, sostenido e idolatrado muy en especial por las dos últimas generaciones de chilenos.

El discurso políticamente correcto tiene, entonces, varios posibles orígenes, la ya mencionada cópula entre los clichés callejeros y las banalidades de la academia o simplemente la mera acumulación de perogrulladas y lugares comunes, vengan de donde vengan; dicha acumulación tarde o temprano y por atracción gravitacional aglutinará esos elementos y dará lugar a una fusión nuclear, un *Big Bang* expansivo en la forma de "doctrina oficial" de los tiempos. Antiguamente a esa onda expansiva de anónimas, banales y falsas afirmaciones sobre lo humano y lo divino se la denominaba "cosmovisión", pero hoy se prefiere hablar de "discurso políticamente correcto".

Importa poco cómo se lo denomine; lo decisivo es su simplismo y su ambigüedad, características que permiten satisfacer todas las aspiraciones. Es hormonal y sentimental y nada hay más popular que las emociones. Basado en obviedades al alcance de todos los entendimientos, calza a la perfección con las modestas capacidades de raciocinio de la población en general y su poca disposición para molestarse en examinar lo que le dicen. El discurso "políticamente correcto" no sólo ofrece el beneficio de eliminar la necesidad de pensar, sino además otorga la grata sensación de "estarse al día"; hace de sus feligreses miembros de una tribu y eso los excluye de la condición de víctimas propiciatorias de la misma. Es una póliza de seguro: cacareando el discurso nadie los va a crucificar, quemar en la hoguera, perseguir como herejes, linchar, funar o pisotear. O "cancelar".

SU PELIGRO

Si el discurso políticamente correcto fuese sólo un catálogo de errores e idiotismos que por un lapso está de moda, su vigencia importaría poco; se lo consideraría, retrospectivamente, una transitoria tontería pese a su carácter planetario tal como se hizo con las posturas entre histriónicas, infantiles y parasitarias del movimiento hippie. Lamentablemente no es el caso. Del discurso surgen no sólo modas sino programas de gobierno pobremente concebidos. Un país puede dirigirse a la ruina o a la guerra civil o a un desastre total sobre la base de un *"Mein Kampf"*. Los actos surgen de motivos y los motivos derivan de ideas previas acerca de qué debe hacerse y qué deshacerse.

No incursionaremos en las leyes históricas que operan detrás del cíclico surgimiento de estas visiones, su desarrollo, los estropicios que causan y su desastroso final o progresiva irrelevancia; esa es tarea de la sociología e historia de las ideas y/o de la sociología e historia de la religión. Iremos directo a los postulados del discurso de hoy. Los investigaremos en su origen, sentido, significado y validez o invalidez. Lo haremos como lo hizo el filósofo chileno Juan Rivano en su obra de los años sesenta titulada "Contra Sofistas". Rivano, en ese tiempo, fustigó la palabrería engañosa de los sofistas ideológicos que pululaban en los recintos universitarios. Lo hizo desde la vereda de la izquierda para azotar la sofistería del conservadurismo y la burguesía, pero no por eso sus análisis fueron menos rigurosos y demoledores; nosotros intentaremos ser igualmente rigurosos en el tratamiento de la sofistería de izquierda, lo cual hace la tarea más fácil porque la grosera naturaleza de lo que afirma el pensamiento de ese sector no alcanza siquiera a ser sofistería y se queda en el nivel muy inferior de las cantinfladas.

DE LA JUSTICIA

Hoy en día se usa la palabra "Justicia" y en especial el vocablo "injusticia" con admirable aunque agotadora abundancia. Pareciera que sus significados son evidentes y no requirieran examen ni explicación. Brotan a borbotones de los labios de políticos, de comunicadores, de animadores de la televisión, de bataclanas, dirigentes gremiales, de colegiales y colegialas. Nos dicen a coro que "la distribución del ingreso es injusta", que la educación es injusta porque "la cancha no está pareja", que el sistema social entero es injusto, que injustas son también las pruebas de selección e injustas son todas las pruebas y aun más intolerablemente injustas las desigualdades de ingreso, fama, prestigio o poder. Todas estas quejas suponen un acabado conocimiento de qué es la Justicia, único modo de poder conocerse su contrario, la injusticia.

Si se examinan las situaciones o circunstancias en las que los denunciantes expresan haberse cometido una injusticia, en el acto se nota que casi siempre las víctimas de la presunta injusticia son o "pobladores" o "desposeídos" o "trabajadores" o "pueblos originarios", nunca personas prósperas, exitosas, de arriba, de clases altas, de fama o prestigio. En la mente de esos políticos, comunicadores, animadores de la televisión, bataclanas, dirigentes gremiales, colegiales y colegialas, la injusticia tiende a ser NO un particular ACTO injusto tal como lo define la ley o la moral, sino una CONDICIÓN SOCIAL, la de "los de abajo", caracterizados *a priori* como víctimas NO por tal o cual particular acto sancionado por la ley sino por el sólo hecho de dicha condición. Los pobres, de acuerdo a esa mirada, son blancos de una injusticia perpetua que no se expresa en actos ilegales sufridos en algún momento de sus vidas, sino en su modo de vida como tal. Es más, son pobres porque sufrieron una injusticia y la siguen sufriendo; serían los protagonistas a tiempo completo de un martirologio infligido por "los de arriba". Se presume entonces que la injusticia no es lo injusto que se les hace sino lo que son. Se asume que la injusticia está en la naturaleza de ser poblador tal como ya la mera expresión "desposeído" manifiesta que dicha persona sufrió una desposesión. La pobreza y/o desvalimiento es, de acuerdo a esa mirada, una "injusticia original" en el mismo sentido que el cristianismo supone el pecado original como definitorio de la condición humana y no como un acto pecaminoso que se esté cometiendo ahora.

Esa concepción "ontológica" de la injusticia no define ni a esta ni a su contrario, la justicia. La definición de ambos términos se encuentra en el territorio de la lógica, de la jurisprudencia y de la filosofía y aquella manera de verla, como "condición", sirve sólo para entender los motivos del clamor y la denuncia. Es un motivo donde reina implícito el sentimiento que la mera existencia de gente situada en la parte de debajo de una jerarquía, ya sea de ingresos, prestigio o posición social, es en sí y por sí una injusticia.

Otro sentimiento acompañando esa postura es que en las situaciones catalogadas como "injusticias" no hay responsabilidad de los presuntos maltratados. Son 100% víctimas, nunca responsables. En virtud de esa visión, si acaso se ha fracasado en todo y no se ha logrado nada o se vive en malas condiciones, eso siempre deriva NO de lo se es o se hace mal o no se hace, sino SIEMPRE es culpa de actos lesivos infligidos por terceros. Estar abajo en cualquier escala de medida equivale automáticamente a ser víctima, pero siendo víctima no se es responsable porque la víctima, por serlo, no es dueña de sus actos, no es autor o co-autor de sus deficiencias personales; su condición de minusvalía es consecuencia de haber sido despojado. Por eso sufre una "injusticia".

Dicha presunción convierte toda deficiencia en resultado de la iniquidad de otros; no es que no hayamos sido capaces de lograr algo, sino que nos quitaron la porción que nos correspondía de los bienes de este mundo. La Injusticia consistiría en que un mal día nos arrebataron lo nuestro y nos lo siguen arrebatando. Y como complemento necesario de esa visión, se considera "injusto" no sólo que alguien tenga menos, sino que alguien tenga más. Es persona injusta quien gana más o posea bienes en una medida superior a la de quien se queja. ¡De seguro se la ha quitado! La víctima y/o su representante político asume que dicho excedente superior poseído por otro es resultado de un robo, de una expropiación, de un abuso, de un atropello. En otras palabras, de una injusticia.

En el diálogo socrático "Gorgias" –de autoría de Platón, como todos los "diálogos socráticos"–, donde se discute sobre la naturaleza de la justicia, uno de los personajes que debaten, Calicles, examina y rechaza del siguiente modo esa particular concepción de justicia:

"Creo que los que establecen las convenciones de lo que es justo o injusto son los hombres débiles y la multitud. Por consiguiente, las establecen en relación a sí mismos y a su conveniencia y sobre esa base reparten reproches y elogios. Amedrentan a los hombres más vigorosos que son capaces de obtener más para que no puedan hacerlo en mayor medida que los débiles, diciendo que obtener más es feo e injusto y que cometer injusticia es precisamente procurar obtener más que los demás... ellos... se dan por contentos cuando logran la igualdad... Debido a eso, por convención se dice que es injusto y feo procurar tener más que los demás y a esto lo llaman cometer injusticia..."

Cuando le toca el turno a Sócrates, este refuta esos argumentos y centra su examen en la Justicia como virtud que se manifiesta, entre otras cosas, en obedecer la ley. Aun más, en otro diálogo, "Critón", en el que se describe a Sócrates esperando la muerte a la que ha sido condenado, este dialoga con sus amigos e inminentes deudos y rechaza la oferta que uno de ellos le hace de emprender la huida sobre la base de que hacerlo sería contrario a la ley, que siempre ha obedecido.

Aristóteles hace puntos parecidos: la justicia, en el plano cívico, se manifiesta como la obediencia de la ley, en tanto que en lo personal consiste en otorgar a cada quien lo que le corresponde según su mérito. No otra cosa diría Cicerón en los muchos escritos suyos donde toca el tema acerca de darle a cada quien lo que le corresponde. El jurista Ulpiano afirma lo mismo: "Es justicia la voluntad constante y perpetua de dar a cada uno su derecho"

A esta afirmación del jurista romano, Tomás de Aquino, el filósofo medieval, le hizo varios reproches lógicos, pero termina afirmando básicamente lo mismo.

En todos los casos, tanto antiguos como modernos, se asocia la justicia no sólo a lo que establece la ley, sino a esa voluntad de dar a cada quien lo que merece. Normalmente la ley da forma expresa y normativa precisamente a ese principio. No hay ley, ni antigua ni contemporánea, que sancione el abuso, legitime la exacción y consagre el robo y la violencia a pesar de lo que dice Trasímaco en otra de las obras de Platón, "La República", donde afirma que la ley es lo que establece el más fuerte y es conveniente para él.

Así como Caclicles es refutado en "Gorgias", lo es también Trasímaco en La República pues ambos fundamentan la sustancia de la justicia en estados subjetivos, en un caso en la subjetividad de los débiles que intentan reprimir a los fuertes y en el otro en la subjetividad de los fuertes que buscan oprimir a los débiles. Hay, sin embargo, en ambas posturas, muchos elementos de verdad si no en la definición filosófica o jurídica de justicia, sí en la observación de lo que de hecho ocurre en diversas subjetividades. Platón pide a Calicles y a Trasímaco una definición conceptual, ideal, de justicia, pero lo que ambos ofrecen es una observación empírica acerca de cómo es concebida la justicia en un caso por los fuertes y en el otro por los débiles. Ninguno responde a la demanda de Platón, pero no están equivocados en cuanto a lo que observan, aunque se equivoquen "filosóficamente" al erigir esas realidades como una definición conceptual.

Lo que observaba y afirmaba Calicles es un hecho que se manifiesta a menudo en situaciones donde está en juego la distribución de bienes. En dichas ocasiones, como notoriamente sucede hoy, no es infrecuente la postura según la cual la justicia consiste en terminar con el monto extra de bienes poseído por los "privilegiados"[10]. Dicha actitud la expresó desnudamente Alejandro Guillér, ex candidato a la presidencia, cuando dijo "hay que meterle la mano al bolsillo a los ricos". Al decirlo estaba presumiendo que dichos "ricos" son protagonistas de una injusticia en tanto que ricos, que son pecaminosamente ricos porque otros son pobres, son ricos porque le quitaron lo suyo a otros convirtiéndolos así en pobres; sobre esa base tácita la manera adecuada de reparar siquiera parcialmente dicha injusticia es, naturalmente, quitarle a los ricos lo que tienen en el bolsillo; la justicia consistiría en sancionar a los de arriba mediante la expropiación para, teóricamente, favorecer a los de abajo tal como lo describía Caclicles. O como lo expresa el lenguaje marxista, "hay que expropiar a los expropiadores". En esta concepción el rico no es simplemente quien posee más, sino un "expropiador", esto es, posee más porque desposeyó a terceros. De ahí que se hace justicia al quitarles lo que poseen. Hoy esa postura ha ascendido a las alturas de una pretendida validez jurídica, política y hasta filosófica; de hecho ya se ha constituido en estándar. La frase "poner fin a las desigualdades" la expresa desnudamente y lo hace con el mismo tono perentorio, axiomático e indiscutible de quien dice "hay que poner fin al crimen".

---

10 Palabra que viene, desde un comienzo, cargada con malas resonancias.

Esta postura, la cual implícitamente presume una condición de víctima de injusticias a quien es inferior en riqueza u otros bienes, ha llegado a adquirir la condición de valor jurídico y político, incluso ético. No se reflexiona en la naturaleza y origen de esa desigualdad, en su fundamento; su mera existencia equivale a una denuncia moral y de ello deriva, como necesaria y complementaria conclusión, que la igualdad por sí misma es positiva, moral, deseable y establece la norma fundamental para orientar las políticas públicas.

No es necesaria mucha reflexión para percatarse que este afán por la igualdad, implícito en la denuncia *a priori* de la desigualdad, no tiene absolutamente nada que ver con el principio jurídico de "igualdad ante la ley". Este último principio simplemente asegura igual tratamiento jurídico o interpretación de la norma legal para todos, sin importar su condición, mientras que en la actual mirada, al contrario, es dicha condición la que define la interpretación de la norma; lo hace en la medida que tiende a presumir como justa la condición del desvalido e injusta la del próspero. Esta mirada puede o no ser expresada en la letra de la ley, pero casi siempre la expresa la interpretación de la ley. Es notorio que en los juicios laborales rara vez hay un resultado conforme a la letra, sino tienden a ser ganadores los trabajadores por ser la parte débil; hay una inclinación a considerar *a priori* que el trabajador tiene la razón de su parte, porque se asume que es una víctima. Decía Samuel Butttler (1612-1680), "La justicia, aunque la pintan ciega, se inclina hacia el más débil"

LA DESIGUALDAD NO ES NI JUSTA NI INJUSTA

De lo anterior se desprende que la desigualdad, en sí misma, no puede ni debe ser considerada justa o injusta sin examinar su naturaleza, origen y fundamento; no se puede calificar *a priori* como una rotunda e indiscutible manifestación de injusticia. Es injusta la desigualdad si es ante la ley y trata diferentemente a las personas; es también injusto el desvalimiento que resulta de no dar a cada quien lo que merece. Por otro lado NO ES injusta la desigualdad originada en méritos o virtudes diferentes, en distintas capacidades, esfuerzos y aportes a la sociedad. La desigualdad en beneficios que resulta de una desigualdad en aportes no es una expresión de injusticia sino, al contrario, de plena justicia; obedece al principio de "dar a cada quien su derecho".

Desde el punto de vista de quienes ocupan posiciones poco satisfactorias por el menor valor de sus aportes y consecuente menor valor de lo que entonces reciben, quizás es "natural" que la existencia de sujetos más afortunados sea fastidiosa, suscite envidia, rencor y eventualmente sea tildada de "injusta", pero dicho sentimiento no sólo carece de valor moral, sino además carece de mérito legal. No puede constituirse en vara de medida colectiva y sobre esa base crear políticas públicas. No por ser natural un sentimiento cobra y posee valor jurídico, aunque tal vez sí político; después de todo los débiles y rezagados son mayoría y tienen más votos. El sentimiento de que nuestra mala fortuna y desventuras se deben a que hemos sido maltratados es muy poderoso; su contrario, el suponer que dicha desventura es de nuestra responsabilidad, resulta insoportable. Bien dijo H.L: Mencken (1880-1956), "la injusticia es relativamente fácil de soportar; lo que hiere más es la justicia".

La enorme vigencia del discurso que hace coincidir la justicia con la igualdad y la injusticia con la desigualdad resulta de la gigantesca presencia y fenomenal poder que poseen ahora las masas "desposeídas" que no son parte de la élite y el privilegio. La mirada que acusa a los ricos de injustos y por tanto merecedores de sanción no es nueva, pero ahora es dominante. En el evangelio según Mateo se hace a Cristo decir "Les aseguro que difícilmente un rico entrará en el Reino de los Cielos. Sí, les repito, es más fácil que un camello pase por el ojo de una aguja, que un rico entre en el Reino de los Cielos".

¿Por qué? Cristo —o más bien Mateo— no nos dice que ese rico en particular es un malvado y todos los ricos son gente mala, sino sencillamente se le cerrará la puerta del Cielo a la categoría de "los ricos" por el hecho de serlo. Esa actitud de rencor ha existido siempre en toda sociedad y período histórico, pero hoy en día, a diferencia de los pobres de los tiempos de Mateo sin otro medio de rescatarse de su situación que siguiendo a un Mesías y esperar, luego de morir, el beneficio del Cielo —y darse el gusto de ver a los ricos haciendo inútilmente cola frente a la puerta cerrada— los desposeídos son, paradojalmente, muchísimo más poderosos, especialmente en las democracias, donde al fin y cabo ejercen el masivo poder político de su voto; adicionalmente disponen de discursos mucho más elaborados que la doctrina que simplemente afirma "es más fácil que un camello pase por el ojo de una aguja, que un rico entre en el Reino de los Cielos". Hoy pueden seguir doctrinas que les presentan su situación no sólo como injusta, sino reparable no en el Cielo sino aquí en la Tierra. El pobre de la era de Mateo podía desear que alguna vez el rico se jodiera, pero no podía imponerle SU norma de justicia. Hoy sí.

Cuando una sociedad acepta una norma y concepción de justicia equivalente a eliminar sin calificativos las desigualdades, mientras simultáneamente se fundan las bases morales y legales para que el resentimiento se convierta en virtud, la mediocridad en valor y rasero de medida, la excelencia en pecado capital, el éxito en cosa sospechosa, la uniformidad mental en norma y meta, el odio contra los mejores en cosa aceptable y encomiable, el tribalismo cobarde en estándar de vida, la obsecuencia en costumbre y la ignorancia en sabiduría, entonces esa sociedad caerá en el estancamiento, la pobreza, la asfixia, la ruina y la bajeza. Los ejemplos históricos son innumerables.

DERECHOS HUMANOS

Los "Derechos Humanos" llegaron a ser el más usado y eficaz caballo de batalla del izquierdismo en Chile y en el mundo. Su territorio se expande cada día. Ha crecido aun más allá de los teóricos límites que le impone el calificativo "humanos" porque hay, ahora también, o se postulan, derechos de la naturaleza, de los animales, de los aun no nacidos -aunque simultáneamente se otorgan más derechos de aborto a las mujeres– y estos derechos supernumerarios son vistos con el mismo grado de valor absoluto que los derechos humanos propiamente tales. Los derechos humanos, en su calidad de concepto de múltiple uso y eficacia política, ya no tienen límites; se nace –antes de eso podría prevalecer el "derecho" de las señoras a abortar hasta casi el último día– y ya se es propietario o titular de un catálogo de derechos: derecho a la vida, derecho a la educación, derecho a la vivienda, derecho al trabajo, derecho al agua, derecho a la salud, derecho al aire puro, derecho a expresarse, derechos, derechos y más derechos. Y todos "humanos".

Dicho sea de paso, esa expresión, "derechos humanos", es redundante. Todo derecho es de origen humano y atiende las relaciones entre humanos. Se usa, sin embargo, esta redundante expresión, para darle énfasis a lo que es peculiar de esta específica clase de derechos, a saber, que no se establecen como un contrato jurídico entre personas que se obligan mutuamente a cumplir ciertas acciones conforme a normas de equidad y justicia amparadas y puestas en vigor por el Estado, sino se asume que operan sobre la base de la sola existencia de la persona en su condición de individuo miembro de la raza humana; los "derechos humanos" no regulan la conducta entre personas, sino establecen un beneficio legal absoluto para la persona independientemente de su acción hacia otros. Ejemplo de esto lo da el derecho a la vida del recién nacido, quien es incapaz de relacionarse de modo alguno con el prójimo. O el "derecho a la vivienda" asociado no a tal o cual prestación que "a cambio" otorga ese derecho, sino a la calidad de ser humano necesitado de un lugar donde vivir, independientemente de lo que haga o haya hecho.

Esta noción jurídica es una invención moderna. Cobró existencia y vigencia en el siglo 18. Nunca antes se concibieron los derechos de ese modo. En la profusa legislación desarrollada a lo largo de siglos, en Roma, los derechos establecían normas de mutuo comportamiento entre los ciudadanos —o súbditos— en determinadas condiciones, esto es, qué debe cada uno hacer o esperar del otro en tal o cual relación. Es lo que hacen también los códigos civiles de hoy. En cuanto a los beneficios que el Estado deseaba otorgar independientemente de las prestaciones o actos de quien los recibía, estos eran concebidos no como "derechos" sino como donativos, actos de caridad, regalos inspirados por la conveniencia política. Antes era "pan y circo", hoy son "bonos de invierno o verano". Más tarde, en la Edad Media, se desarrollarían los "fueros" como derechos especiales concedidos a ciudades y gremios a cambio de los beneficios que dichas entidades podían reportar a quien los concedía. En todos esos casos el derecho establece y regula prestaciones y deberes mutuos entre partes contratantes y por tanto su referencia no es el individuo en tanto que tal, sino su actividad social, aquellas por la cual se involucra con al prójimo —Robinson Crusoe no necesita derechos— y las respectivas sanciones si esa regulaciones se quebrantan.

Las razones y procesos históricos que originaron esta novedosa concepción jurídica llamada "Derechos Humanos" son un interesante campo de análisis histórico. Tal vez se relacionen con las grandes hecatombes que Europa sufrió en los siglos XVI y XVII con las guerras de religión. Eso quizás aumentó la sensibilidad estándar acerca del valor de la vida porque aumentó la sensación de que estaba en peligro; tal vez la sensibilidad de quienes proclamaron esos derechos derive de los más altos niveles económicos que disfrutaron dichos proclamadores, condiciones propias de sus clases de origen que hacían la vida más valiosa y digna de ser protegida y por tanto proporcionalmente intolerable la idea de perderla o lesionarla. El "derecho a la felicidad" no lo proclamaron los menos felices sino personajes como Jefferson o Voltaire, hombres ricos, bien ubicados en la vida, cómodos en sus respectivas situaciones. Esta sensibilidad por la integridad y respeto a la vida hoy nos parece natural, pero tiene fecha de nacimiento. Por siglos, por milenios —y aun hoy en ciertas culturas— el valor de la vida humana y animal carece del peso que se le atribuye en Occidente. En Roma se asistía al Circo a divertirse contemplando masivas carnicerías entre gladiadores y/o matanzas en gran escala de animales. Los habitantes de ciudades rendidas eran a menudos pasados a cuchillo hasta el último hombre. Aun en tiempos recientes la crueldad era la norma. Hoy ya no es la norma, sino más bien —teóricamente— lo es la compasión y por eso las hecatombes del siglo XX, las matanzas en masa cometidas por los bolcheviques, los crímenes monstruosos del nazismo, las purgas de los regímenes comunistas, las torturas y asesinatos de regímenes dictatoriales, las ejecuciones cometidas contra civiles en el curso de una guerra —el caso Rusia-Ucrania en el 2022— resultan inaceptables. Es un sentimiento que habría sido incomprensible en el pasado, cuando incluso las víctimas veían los horrores que sufrían como un hecho desafortunado, pero natural e inevitable.

Los DD.HH surgen como fruto de esa cópula entre la ocurrencia de actos de inmensa brutalidad y una sensibilidad más elevada de la humanidad o de parte de ella, aunque no por eso esta novedosa criatura jurídica ha puesto fin a los crímenes. Es, en gran parte, sólo una reacción de quienes son espectadores ajenos a los intereses y pasiones de quienes los cometen y de quienes los sufren. Como la indignación por el robo que sufre el vecino, estremece el crimen cometido contra el prójimo porque, como en el robo, pudiéramos haber sido nosotros las víctimas. De todos modos, aunque sea desde la comodidad del mero espectador que teme convertirse también en actor, se ha establecido como norma el respeto a la vida humana. En ese nivel tiene algunos efectos; hoy en día al menos se prefiere ocultar las atrocidades. Opera también como instrumento político eficaz, como lo era la excomunión usada por el Papado en su época de máximo poder.

El gran usuario y principal beneficiario político de la noción de DD.HH es la izquierda en todas sus variedades. Aunque no pocos sectores de esa "sensibilidad" están asociados a ideologías y movimientos que celebraron las más horribles, masivas y sistemáticas brutalidades en su forma más extrema, la aniquilación, hoy los hijos y nietos espirituales de los asesinos en serie del mundo socialista, principal perpetrador de crímenes del siglo XX, no vacilan en plantearse como apóstoles de los DD.HH y denunciar a sus enemigos como violadores de aquellos. Es una impostura monumental, pero exitosa. Su objetivo NO ES defender a las presuntas o posibles víctimas de violaciones de esos DD.HH, sino paralizar moralmente al adversario culpándolo de haberlo hecho y así amilanarlo y vencerlo. Es un arma efectiva que en Chile ha sido usada con abrumadores efectos psicológicos en el ámbito de la derecha social y política. Es en el espacio de las ideas y los motivos que se funda la acción o inacción y por tanto en el mismo espacio se paraliza al adversario deslegitimando sus motivos o describiendo su probable acción como inaceptable. Se busca asegurar que no habrá resistencia o será débil.

Independientemente de ese uso mañoso oportunistas, ¿existen los DD.HH?

Existen en el sentido de ser una norma que la humanidad ha decidido darse a sí misma y tiene entonces la clase de existencia de toda norma moral o jurídica, esto es, como un deber-ser teórico que puede o no ser satisfecho en la realidad, pero que "debería" serlo. En el plano práctico de las conductas, los DD.HH sufren la suerte que es común a toda norma, esto es, incumplimiento total o parcial; eso ocurre con una frecuencia proporcional a lo elevada y sublime que sea dicha norma. Dada la naturaleza humana, proclive a depredar, abusar, despojar, sacar provecho de la debilidad del prójimo cuando se presenta la oportunidad, la enorme prevalencia de los egoísmos individuales y tribales, el afán por satisfacer el ego en todos sus aspectos así se venga el mundo abajo, etc, toda norma que impone un deber-ser es frágil y la norma de los DD.HH, tan voceada y proclamada, resulta posiblemente la más violada y atropellada de todas. Es, por tanto, la más asociada a la hipocresía y la impostura. Basta examinar el currículum de muchos de quienes la predican para verificar ese hecho.

LOS TRABAJADORES

Los trabajadores existen por necesidad porque lo es el trabajo; quienquiera desee ganarse la vida, tiene que trabajar. Por eso todos somos, salvo los bandidos y los parásitos, trabajadores. La izquierda, sin embargo, usa el término de otro modo. Los "trabajadores" de la izquierda no son todos los seres humanos que trabajan, sino sólo aquellos que trabajan en posiciones subordinadas, más humildes, que son más pobres y votan por ellos. Definido de ese modo, el "trabajador" y/o "los trabajadores" son protagonistas fundamentales del discurso políticamente correcto del izquierdismo. No hay grupo más mentado en sus discursos y sus textos. Y ahora, de acuerdo al léxico imperante, se habla también de "las trabajadoras". Los trabajadores y trabajadoras están en la base doctrinaria misma de esa subcultura y movimiento. Ya en el manifiesto comunista –el Antiguo Testamento de la izquierda– publicado en 1848 por Marx y Engel aparece expresada en la ahora famosa frase *Proletarier aller Länder vereinigt Euch!*[11] La razón de ser del socialismo es precisa y teóricamente establecer, primero, una "dictadura del proletariado", para luego, demolido el capitalismo y la burguesía, construir el comunismo. El proletariado consistiría justamente en eso que llaman "los trabajadores". Se hace coincidir ambos términos: los proletarios están abajo en la escala social, son oprimidos, desposeídos, son los explotados y simultáneamente quienes trabajan. Los empresarios, los inversionistas, los profesionales, los ejecutivos, los científicos, los empleados de oficina de alto

---

11 "Proletarios de todas las naciones, uníos".

nivel, etc, no califican; aparentemente no trabajan sino sólo explotan a los trabajadores. Por eso y en todo ámbito en el que la izquierda emplea el término "trabajadores", tácitamente se refieren únicamente a quienes están en los escalones más bajos de la actividad de cualquier rubro productivo. Cuando se habla de "los trabajadores de la salud" se entiende que no incluye a los médicos, radiólogos, administradores, etc, sino a los enfermeros y enfermeras, aseadores, empleados de mesón y conductores de ambulancia; los otros en el mejor de los casos habitan un limbo llamado "pequeña burguesía".

La distinción entre "trabajadores" y "explotadores", esta última con un agregado menor orbitando a su alrededor, los despreciables pequeño-burgueses a su servicio, revela la estructura maniquea del pensamiento marxista e izquierdista, su predisposición a caracterizar las poblaciones en dos categorías extremas sin considerar las complejas estratificaciones que se desarrollan en cualquier sociedad que haya superado los más elementales niveles de desarrollo y ya no sea una comunidad tribal neolítica. Luego de hacer esa división absoluta, las izquierdas proceden a arrogarse la representación de dichos trabajadores, en ocasiones mentados como "el pueblo". Sin consultarlo jamás, sin conocerlo, sin compartir su modo de vida y en muchos casos no habiendo sido trabajadores ni una sola vez en sus vidas, los políticos izquierdistas apoyan y promueven SUS propias demandas y proposiciones afirmando que son las del pueblo, las que los trabajadores exigen. En ocasiones dicen haber prestado oídos a "la voz de la calle" y luego en calidad de "actores sociales" se encaraman al escenario de la notoriedad pública a vocear dicha "voz de la calle" de la que no tienen idea y les importa poco; más aun, la desprecian, porque en la visión inconfesa de la izquierda las masas no saben lo que les conviene. Ellos, en cambio, las vanguardias, saben muy bien lo que necesitan, esto es, lo que ellos necesitan: necesitan al pueblo para llegar al poder. Una vez en el poder, tal vez ese pequeño y potencialmente desagradable detalle que son los fluctuantes eventos electorales se pueda resolver "revolucionariamente" o manejar al estilo Evo Morales o como quería López Obrador en México y quiere y logra el partido comunista en Cuba; ¿acaso se va a permitir que se entorpezca el proceso de cambios profundos por unos votos de más o de menos? Después de todo ellos son "las vanguardias" a cargo de iluminar el camino a los necios y si no por las buenas, entonces de cualquier otro modo. Una de las primeras organizaciones que el régimen soviético eliminó –y que los bolcheviques mismos habían creado– fueron precisamente los "soviets", el nombre de las asambleas populares que usaron para derribar el zarismo. Una vez usadas para eso, ya no servían.

"Los trabajadores" son, en la perpetua superproducción coreográfica de izquierda, los miles de extras en acción conducidos por las "vanguardias" en la marcha hacia el paraíso socialista. Para los auto proclamados salvadores de la humanidad, los trabajadores no tienen otra existencia que en calidad de telón de fondo de las hazañas de sus redentores. A veces ese telón aparece en la estética del sector como los fornidos e iracundos labriegos de los muralistas mejicanos, en otras ocasiones y otros tiempos fueron representados por los recios y musculosos obreros de la iconografía monumental soviética, personajes de bronce o cemento enarbolando hoces y martillos.

En todos los casos los "trabajadores" no son sino iconos teatrales, un sonoro vocablo, una consigna, una pobre e imaginaria abstracción a años luz de la realidad, de la gente común y corriente. En el caso de Chile la gente corriente no enarbola hoces ni martillos ni se mueve por murales sino es parte del elenco de la banal realidad del mundo laboral. Es, este mundo, uno poblado no por héroes sino por obreros y empleados a veces diligentes y en otras ocasiones no, por oficinistas eficaces y también por expertos en eludir su trabajo con licencias médicas falsas, por gente honesta y otros inclinados al robo, por algunos capaces de un trabajo eficiente y otros a uno hecho a medias; es una multitud heterogénea, variopinta en sus estilos, labores, capacidades, gustos, cultura, valores, ideas y costumbres, no una masa de "proletarios". Esa realidad polifacética no existe para el izquierdista promedio; para él, en su imaginación alimentada con folletines, lo que hay son trabajadores explotados marchando por los murales o encaramados en un pedestal, patéticas y al mismo tiempo heroicas víctimas esperando la redención que él, dicho revolucionario, va a concederles generosamente. .

Más aun, esos trabajadores concebidos como campesinos u obreros fabriles blandiendo hoces y martillos ya no existen. Pertenecen a la era victoriana en la que Marx escribió sus profecías. La imagen del labriego empujando al buey con la picana y la del obrero al lado de una enorme máquina a vapor son completamente anacrónicas. El obrero de hoy es una categoría dividida en infinidad de especialidades y sus aspiraciones y nivel de vida son enormemente diferentes a las de sus padres o abuelos. La actividad agrícola es también muy distinta. Ni en una ni en otra actividad hay una "masa de trabajadores" unidos por igual miseria, sino una variada gama de especialistas con aspiraciones propias, intereses diversos y miradas distintas.

¿Qué saben de eso quienes los mentan con tan devota frecuencia?

En esto, como en lo demás, habitan un universo de papel, panfletario, de caricatura, de buenos y malos, de explotadores y explotados, de héroes y villanos, de camaradas y saboteadores, de proletarios y burgueses, de progresistas y fascistas. Lo que no habitan nunca es el mundo del trabajo. Normalmente han sido parásitos de sus familias y luego del Estado, de las ONG, de las instituciones internacionales y de las becas conseguidas no por mérito sino merced a las virtudes académicas del carnet del partido.

PUEBLOS ORIGINARIOS

Uno de los dogmas de muy reciente data que la izquierda oportunamente hizo suyo como si los hubiera preocupado toda la vida es "la causa del pueblo mapuche". En la narrativa oficial, el pueblo Mapuche sería uno de los "pueblos originarios" que habitaban el territorio y cuyos derechos habrían sido conculcados primero por los conquistadores españoles, luego por el Estado chileno y la oligarquía capitalista. Grupos para-militares como la Coordinadora Arauco-Malleco, CAM, han enarbolado esa causa o más bien la crearon y sobre esa base pretenden establecer un Estado Mapuche dentro del territorio nacional, específicamente en la hasta ahora llamada

"Macro Zona Sur," que abarca principalmente el territorio de la Araucanía.

Esta causa cobró fuerza reclutando partidarios no tanto en el presunto pueblo mapuche como en el seno de la sociedad chilena en general, particularmente en el mundo universitario y estudiantil de izquierda, *pool* humano siempre disponible para hacer suya toda causa que se presente y ahuyente sus ocios, les ofrezca identidad, realce sus egos y les permita evacuar sus frustraciones. Estos flamantes feligreses aceptaron sin reflexión la propuesta de que existe un pueblo Mapuche desposeído y maltratado. "Maltratado" y "desposeído", si acaso no explotado, es automáticamente el modo como la izquierda ve a toda entidad que previamente haya bautizado como "pueblo". A partir de ese momento merece sus efusiones sentimentales e ideológicas.

El axioma fundamental de la causa Mapuche, a saber, de que existe un "pueblo mapuche", es completamente ilusorio. Basta la más somera reflexión y examen histórico para comprobar que esa entidad nunca ha existido. No existe por la sencilla razón que un "pueblo" NO ES simplemente un agregado o suma de individuos o tribus o clanes compartiendo alguna similitud étnica y cultural, sino un ente colectivo organizado que se mira a sí mismo y encuentra su identidad en dicha existencia colectiva a lo largo del tiempo, siendo agente de una historia común y coherente. Un pueblo tiene una identidad en tanto que colectivo histórico, no como comunidad genética; un pueblo se asocia a una historia común que ha existido y desarrollado a lo largo de los siglos. Es eso lo que define la existencia de un "pueblo", no la etnia, no la genética de sus presuntos miembros, no tales o cuales costumbres compartidas, no tal o cual tribu. Los mapuches nunca llegaron a desarrollar dicha organización, nunca fueron nación, nunca transitaron más allá de la condición de tribus aisladas, independientes y a menudo en guerra. Más aun, un colectivo con derecho a ser considerado y llamarse "pueblo" puede estar constituido por muchas etnias y tradiciones culturales, como ocurre con el pueblo de los Estados Unidos o el pueblo Ruso. Un pueblo NO ES ni necesita SER una familia, un clan ni una tribu, sino compartir una historia política y social. Un pueblo no es una identidad racial.

El argumento de la causa mapuche es, entonces, tácitamente racista. Supone que sus peculiaridades étnicas entrañan rasgos importantes y fundamentalmente distintos de los de otras etnias y que se asocian a una "cosmovisión". Presumen el valor intrínseco y único de esos dos elementos, etnia y "cosmovisión", para luego proclamar que su conservación se vincula a la existencia de un Estado propio.

Nada de todo eso es válido hoy. Considerando la etapa que vive HOY la raza humana en términos de globalización, comunicación e interpenetración, el hecho de valorar etnias particulares es extravagante y anacrónico, amen de peligroso. Un discurso sobre las etnicidades y sus supuestos derechos o valores carece de sentido. Por todas esas razones, el afán por constituir un Estado que nunca antes existió sobre la base de un pueblo imaginario y titular de una cosmovisión recién fabricada, idealizada y sacralizada, es un esfuerzo absolutamente reaccionario.

Adicionalmente ni la CAM ni la izquierda ni el Estado chileno han consultado a dicho supuesto "pueblo Mapuche", esto es, a esa suma de individuos de etnia mapuche. No se sabe acerca de sus preferencias y actitudes. La única consulta indirecta fue el plebiscito de salida, en el que la inmensa mayoría del "pueblo mapuche" rechazó la propuesta aun estando repleta de consideraciones "mapuchistas". Eso por sí solo debiera decir algo acerca de qué siente el "pueblo mapuche". El millón de chilenos cuyos nombres sugieren antepasados mapuches nunca han sido consultados acerca del modo como se definen e identifican. Posiblemente la gran mayoría se declaran miembros del pueblo chileno tal como lo hacen individuos de las otras muchas "etnias" que coexisten en el país. La llamada "causa mapuche" no es otra cosa que la causa de la CAM, como ha ocurrido siempre con los grupos nacionalistas que levantan esta clase de causas. La causa no existe *a priori* en la forma de una "demanda" de cierta etnia o pueblo, luego tomada por un grupo de activistas para luchar por ella, sino al contrario, el grupo crea la causa *a posteriori*. En el desarrollo de esta "cosmovisión", que no es sino una chapuza ideológica, lamentablemente se halla el origen de no pocas guerras civiles, matanzas, fanatismos, idiotismos y derramamiento de sangre. En Chile ya lo estamos experimentando.

AYER: IGUALDAD Y FRATERNIDAD HOY: SOLIDARIDAD

EL LEMA DE LA REVOLUCIÓN FRANCESA fue "Libertad, Igualdad, Fraternidad", pero durante el transcurso de la revolución, desde su comienzo en junio de 1789 hasta su fin en 1794 con el ajusticiamiento de Robespierre y su camarilla, no hubo libertad, ni igualdad ni fraternidad; no se era libre de siquiera hablar críticamente acerca de la revolución, no había igualdad ni en términos políticos ni económicos ni mucho menos hubo fraternidad pues amen de la persecución de los "aristos" y el trabajo incesante de la guillotina, el país se sumió en una horrible guerra civil. Terminado el régimen del Terror que había encabezado Robespierre, su sucesor, el "Consulado", tampoco brindó mucha igualdad ni fraternidad, aunque al menos el pueblo francés recuperó una cuota de libertad.

La "fraternidad" nunca ha reinado en demasía ni durante las revoluciones, que más bien desatan las furias, ni en tiempos de reposo, cuando los conflictos no dejan ni por un momento de existir sino más bien se multiplican aunque no se celebren con fuerza bruta. Si acaso hay un estado de ánimo reinante o predominante en toda época y lugar, a veces en alto y notorio grado, en otras en sordina, es el descontento, la frustración, la rabia y un volumen de animadversión y hostilidad expresa o latente que a menudo se desata incluso contra los más cercanos; la "fraternidad" se vive y manifiesta muy pocas veces. Se hace general sólo cuando la hostilidad ha sido redirigida contra otro pueblo y por eso es notorio que no hay nación más dada a la hermandad que la enzarzada en una guerra. En la práctica cotidiana, aunque su conducta se disfrace de mil maneras, la actitud natural del ser humano respecto a sus semejantes la expresa el viejo proverbio latino *homo homini lupus*[12]. El amor en todas sus variantes, incluyendo esa variedad desvaída y genérica denominada "fraternidad", es mercancía muy escasa.

En cuanto a la libertad, tampoco suele predominar aunque sea un bien apetecido universalmente y su falta o disminución llegue a ser fuente, al menos en ocasiones, de enorme frustración y eventualmente motiva resistencia contra aquello que la suprime o menoscaba. Bien dice el Quijote:

> "La libertad, Sancho, es uno de los más preciosos dones que a los hombres dieron los cielos; con ella no pueden igualarse los tesoros que encierra la tierra ni el mar encubre; por la libertad así como por la honra se puede y se debe aventurar la vida..."

Aun así, la libertad es un "bien universal" que todos demandan en abstracto, pero pocos están dispuestos a aventurar la vida por ella. El deseo de deshacerse de una molesta cadena no equivale al afán de ser plenamente libre. El hombre puede ser el lobo del hombre, pero es más frecuente verlo asumiendo el papel del cordero ante quienes ostentan poder. Es posible verificar que para muchos la libertad, cuando la tienen, les resulta una pesada carga de la cual desean librarse lo antes posible. La libertad implica responsabilidad, la responsabilidad implica es-

---

12 "El hombre es el lobo del hombre…"

fuerzo y juicio y la posibilidad del fracaso. "El Miedo a la Libertad" de Erich Fromm trata precisamente de eso. Es notorio el entusiasmo o predisposición de los jóvenes para librarse de la libertad abrazando causas que les impondrán valores, normas y propósitos que regularán su conducta y hasta sus pensamientos. Eso ocurre porque son precisamente ellos, todavía libres de responsabilidades laborales y familiares, quienes disponen de mayor libertad personal y por lo mismo sufren en mayor grado la inmensa carga de no saber qué hacer con ella. Asumir una causa equivale a liberarse de ese peso. En ocasiones sucede algo muy singular; no sólo la causa a la cual se suman implica una reducción de sus libertades, sino la acción y propósito de esa causa apunta de un modo o de otro a acabar con la libertad del prójimo aunque paradojalmente dicha causa se envuelva en el manto y en el nombre de la libertad.

La convocatoria de moda hoy en día ha reemplazado esa frase de tres palabras –libertad, igualdad, etc.– por "solidaridad", término que parece significar algo similar a "fraternidad", siendo muy distinto. La solidaridad no consiste en adherir a los intereses y necesidades concretas de cierta persona, como ocurre con la fraternidad, sino con las ideas y valores de un conglomerado. Es una postura abstracta, anónima. En su raíz no nos dice que seamos "fraternos" con Fulano de tal, sino que seamos mentalmente cercanos a una suma de individuos adheridos a cierta causa.

¿Cuál es esa causa a la que hoy se nos llama cuando se nos pide ser "solidarios"? Más aun, ¿cuáles son las causas respecto a las cuales realmente y no sólo verbalmente somos solidarios?

Si se examina un poco, pronto se descubre que sólo hay dos situaciones capaces de concitar "solidaridad" efectiva y hacerlo por buenas razones. En primer lugar, la supervivencia y la seguridad. Cautelar eso es la razón, según Hobbes, por la cual establecemos una autoridad superior y nos organizamos en Estado. Le conferimos a una autoridad el monopolio del uso de la fuerza letal de manera que no debamos temer que el prójimo haga uso de ella contra nosotros. De no imperar ese monopolio, dice Hobbes, la vida es *"solitary, poor, nasty, brutish, and short"*[13].

La propiedad viene en segundo lugar. Lo que hemos hecho parte de nuestra persona, extensión ya sea física o inmaterial de nuestro ser, lo que ha llegado a existir y está en nuestra manos merced a nuestro trabajo o ancestro, lo que sirve a nuestras necesidades o satisface nuestros deseos, lo que proyecta nuestra fuerza o poder, lo que nos protege o eleva, eso es "propiedad" y como tal es deseada y defendida con todas nuestras fuerzas. Nada produce más ira y violencia que la amenaza a la propiedad. Asegurar lo propio es un interés de enorme fuerza y sin duda compartido por toda la raza humana, salvo los santos y los débiles mentales.

Casi en su totalidad el orden social no es sino la organización que nos damos para preservar esos dos bienes, por lo cual puede afirmarse que la solidaridad entre nosotros no va más allá de un acuerdo tácito de que se preserven esos principios, seguridad y propiedad. La "solidaridad", entonces, se siente y se tiene con cualquiera que comparta nuestra condición e interés en esos dos sentidos y

---

13 "Solitaria, pobre, sucia, brutal y corta".

por eso se comparte aun con quien no conocemos personalmente. Se es solidario en defender la vida y bienes de quien sea. Es una solidaridad que une a la raza humana en su conjunto porque en su conjunto es que esos principios le competen. Por eso a todo ciudadano lo indigna el robo que ha sufrido un prójimo al que nunca ha visto, sintiéndolo casi como si a él le hubiese sucedido porque mañana podría ser víctima de lo mismo. La solidaridad es la proyección hacia el colectivo de los más profundos rasgos del egoísmo. Por eso es anónima e impersonal. En esas dos materias se solidariza con todos y con cualquiera.

Actos fraternos que van más allá de esa defensa corporativa de vida y propiedad no son "solidarios" sino responden a la compasión, la cual, a diferencia de la solidaridad, que es sentimiento abstracto y genérico, se asocia con alguien en particular, con un rostro determinado. Se "solidariza" con una nación agredida en una guerra, pero se tiene compasión por tal o cual individuo que lo ha perdido todo en esa guerra.

Con su retorcido concepto de "solidaridad", sin embargo, el pensamiento y sentimiento de izquierdas lo pone todo de cabezas y pretende implementar políticas públicas que proyecten fraternidad hacia desconocidos. Pretende dictar normas institucionales que sólo podrían tener justificación en la relación personal de piedad o fraternidad de un individuo hacia otro. El entero pretexto de los fondos previsionales solidarios tiene ese carácter distorsionado. El cotizante que ha sido trabajador y diligente debe permitir que sus fondos "sean solidarios", más bien fraternos, con un tipo que no hizo ninguna de esas cosas y recibirá una pensión costeada por el primero. Un sistema tan contrario a la naturaleza humana sólo puede existir sobre la base de una imposición forzosa y jamás funcionará adecuadamente.

LIBERTAD PARA LOS PRESOS POLÍTICOS

La izquierda no es amiga de la libertad, como lo demuestran los regímenes que ha erigido y los propósitos con tufo totalitario que siempre tiene, pero gusta liberar a los delincuentes o criminales presuntamente partícipes de su causa y que han perdido la libertad. Uno de los escándalos mayúsculos del gobierno de Boric fue su indulto a 12 delincuentes, bautizados como "luchadores sociales". Antes de llegar al poder la izquierda utiliza siempre y a destajo el término "libertad", pero su propósito NO es crear una sociedad que ofrezca más espacio al individuo sino más espacio al Estado y antes de eso, de llegar al poder, más espacio a sí mismos para combatir el régimen que desea demoler. Para eso la izquierda necesita que sus activistas estén libres, que sus actos criminales no entrañen condenas, que la ley no valga para ellos. Por eso una frase clásica de ese propósito y de esos períodos es "Libertad para los presos políticos".

Una vez logrado el derrumbe del régimen, como se vio desnudamente en el curso de la revolución francesa y de hecho en casi cualquiera cuyo curso se examine, los triunfadores se apresuran en acotar y hasta extinguir la libertad mediante reglas mucho más coercitivas y asfixiantes que las reemplazadas. Esto ha ocurrido especialmente en aquellas sociedades donde han tenido éxito movimientos impulsados por axiomas políticos o religiosos absolutos, porque, en esos casos, espoleados por su Verdad Revelada, es con inaudito furor y fanatismo que sus exitosos feligreses promueven la implantación de una sociedad basada totalmente en su doctrina. Hoy en día el discurso política, económica y culturalmente correcto no habla de "liquidación" al estilo soviético, pero sí de "Cancelación".

IGUALDAD

¿Y la igualdad? ¿Qué sucede con ese desiderátum? Se habla de ella en estos días con mil veces más frecuencia que de Fraternidad y Libertad. De hecho, no sólo "en estos días" sino también en todos los demás porque exigir igualdad, denunciar su ausencia y evaluarla como propia de un mundo feliz y una meta valiosa a seguir es proclama muy antigua. El llamado a la igualdad y/o la narrativa fantasiosa de haber existido una Edad Dorada cuando todos éramos iguales, a la cual habría que regresar, es viejo como el mundo. Se lo encuentra en muchas doctrinas, anima infinidad de movimientos, aparece en escritos religiosos y se ofrece como ideal desde siempre. Curiosamente, sin embargo, pese a la perpetuidad con que se persigue dicha meta, jamás ha cobrado realidad, salvo en el sentido acotado de la "igualdad ante la ley" que se presume disfruta el ciudadano de una república. No ha cobrado realidad porque la desigualdad es intrínseca a la naturaleza humana y las sociedades que el hombre organiza se basan en la desigualdad y la promueven inevitablemente. Es su modo de existencia.

Normalmente quien demanda apasionadamente la igualdad no es por amor al principio sino por odio a su situación personal, ubicado en la parte de abajo de la escala. Por eso no se satisface con obtener similar tratamiento para todos conforme a la ley y pretende también igualdad material, igualdad de honores y prestigio, igualdad política, igualdad de estatus y si es posible una igualdad de sentimientos y pensamientos; en su raíz, la pretensión de alcanzar la igualdad universal está animada por un espíritu que anhela eliminar las superioridades regresando a la sociedad tribal primitiva, cuya pobreza material y cultural no otorgaba sino imponía la igualdad por *default*. No habiendo medios capaces de permitir distinciones, todos los miembros de la tribu eran igualmente pobres, igualmente precarios, igualmente víctimas de las fuerzas de la naturaleza, de las enfermedades, del peligro y las hambrunas. Eso aseguraba que el nativo no se tropezaría jamás con algún odioso miembro de la tribu con más fama o más mérito o más posesiones. Eliminar las distinciones que automáticamente genera una escala de menos a más es el oscuro deseo de todo ser humano que en dicha escala sabe, por sus deficiencias, que no ocupará los primeros lugares.

Es también habitual que quienes se afanan por llegar a dicha igualdad universal nieguen o rechacen ostentosamente, por ser poco decorosa y demasiado reveladora de su pequeñez, el reproche de que desean imponer una masificación total de la sociedad; alegan que dejarían abierto un espacio para una desigualdad respetable, la "meritocracia". Eso nunca sucede. Tanto la observación de sociedades donde al menos por un lapso ha imperado el movimiento igualitario, como un estudio de los auténticos motivos —desnudados por sus actitudes y sus actos— de quienes afirman dejarán abierto dicho espacio, en el acto se revela que el motor de su demanda no es igualar las reglas o "emparejar la cancha" como se dice en el presente, sino eliminar las intolerables superioridades económicas, culturales, intelectuales, sociales, de prestigio, etc de algunos miembros o grupos de la sociedad, herida incurable para quienes las miran desde la inferioridad, desde la mediocridad, desde el fracaso y la minusvalía. El rencor y envidia del menos dotado de bienes y/o capacidades es intenso, insubsanable, persistente, una llaga supurante desde la que brotan los más enconados odios. La igualdad es siempre el clamor y bandera de lucha de los de abajo, los perdedores, los chantas, los mediocres y fracasados. ¿Puede imaginarse a quien, siendo exitoso en lo que emprende, quisiera "igualarse" con quienes ha dejado atrás?

Curiosa y paradojalmente, ese mismo fulano henchido de frustraciones exigiendo la igualdad para aplastar a los de arriba, apenas llega al poder se las arregla para trepar lo más posible y hacerse miembro de la "nomenclatura", obtener toda laya de privilegios, enriquecerse, empoderarse, elevarse, constituirse en élite, en la "vanguardia", en los iluminados que entienden las necesidades de la historia. Esa desigualdad sí que vale.

A primera vista sorprende que una demanda nacida casi siempre de motivos tan bajos aparezca ornada con la categoría de "valor", incluso como el valor supremo en infinidad de credos, políticas y religiones, pero el asombro se desvanece en seguida con sólo considerar que la masa de los inferiores en méritos, poder, privilegios y virtudes es siempre muy superior al número de los que destacan en esas cualidades o bienes. Sólo en contadas ocasiones se ve una sociedad promoviendo el ideal de la superación; lo prevaleciente es rebajar y disminuir a quienes ya están elevados. El mundo griego, especialmente en su etapa pre clásica, tuvo como meta el ideal del guerrero triunfante, pero es de dudarse fuera compartido más allá del estrecho círculo de los Ulises y los Áquiles.

Puesto que en el presente las masas son mucho más numerosas, están más "empoderadas" y han hecho suyas doctrinas que insisten en la igualdad y machacan el tema de la "injusticia", no es cosa rara sino al contrario, muy esperable, que ese tema sea el primero en la agenda de los revolucionarios, los progresistas, reformadores y apóstoles de las "transformaciones profundas". Es, la igualdad, un clamor poderoso legitimado por su número, su omnipresencia y su estrépito. En sociedades donde dichas masas carecían de medios para hacerse oír e influir, los círculos de la élite podían siquiera verbalmente –no tanto en los hechos– cantar las glorias del valor caballeresco, de la superioridad militar, la nobleza de espíritu o siquiera de la posición social, pero hoy esos alardes son tabú; hoy toda elevación es sospechosa sino ya criminal, toda riqueza es resultado de un despojo, todo desposeído es un héroe o un mártir, todo demagogo es un "actor social", todo delincuente es un combatiente, todo estudiante perezoso y poco inteligente es víctima de "la carga académica", todo tarado tiene derecho a hacer estudios superiores y todo necio es un compañero de lucha.

La igualdad no es un "valor" derivado de la nobleza de espíritu sino inspirado por la envidia. Es, además, irrealizable. Va contra las necesidades funcionales de todo sistema social. Allí donde un régimen ha instaurado la igualdad desposeyendo a los que tienen más, incluso matándolos, humillándolos, exiliándolos o rebajándolos —el caso de los intelectuales chinos enviados a trabajar con la pala para que aprendieran "valores proletarios"— se crea la desigualdad mucho más intolerable y asfixiante de quienes tienen poder y privilegios para imponer dicha igualdad en contraste con la población a la que someten igualitariamente. En la URSS se desarrolló como un tumor canceroso llamado *"nomenklatura"*, élite de dirigentes del PC y de las empresas públicas, altos oficiales del ejército rojo, artistas y deportistas destacados, estrellas del cine soviético, poetas de moda, etc, provistos de variados grados de acceso al poder y los privilegios, todos por igual muy por encima del ciudadano soviético promedio sometido a escaseces, prohibiciones, regulaciones y obligado con frecuencia a dar muestras de lealtad al régimen con sus actos y sus palabras, incluso sus actitudes. Esos regímenes logran la igualdad de los igualmente sometidos.

Además de las desigualdades impuestas a la fuerza por quienes desean acabar con ellas y que, en su arrogancia, asumen dicha tarea con los debidos privilegios del cargo, las desigualdades las impone de todos modos y en cualquier circunstancia tanto la naturaleza humana como las necesidades de la sociedad. De entre todas las criaturas vivientes el ser humano es el que ofrece mayores variedades y diferencias entre un sujeto y otro en su contextura física, color de piel, rasgos faciales y otras externalidades de esa clase, pero además y principalmente en la inteligencia, el temperamento, las capacidades, las inclinaciones, gustos, posturas, rendimiento y eficiencia. Cualesquiera sean las "estructuras sociales", dichos rasgos parcialmente heredados y parcialmente resultado de la educación y el ambiente diferencian —a veces rápidamente— a unos individuos de otros y son esenciales aunque no únicos en la generación de las diferencias de rango, celebridad, éxito, riqueza, poder y privilegios. Salvo casos extremos de barreras sociales como las impuestas por las castas y la esclavitud, las personas que destacan por su superioridad en uno o varios de esos rasgos son valoradas y escalan posiciones sociales porque contribuyen de modo irreemplazable a la subsistencia y prosperidad de la sociedad, normalmente repleta, por implacable necesidad estadística, de una mayoría de seres humanos de pocas capacidades y escasa diligencia. Todas las sociedades necesitan imperiosa y a veces urgentemente a quienes superen ese nivel promedio. Una sociedad que no apoya y estimula aunque a sea a regañadientes a los mejores y no los pone donde pueden hacer un mayor aporte, está condenada inevitablemente primeo a la parálisis y luego a la destrucción.

Los mejor dotados siempre encontrarán la forma de ascender por la escala social y ocupar un sitio en la élite o en sus proximidades, asegurando posiciones también a sus descendientes. La movilidad social puede ser obstaculizada, pero nunca eliminada. Su existencia está orgánicamente asociada a la superveniencia. Eso no impide la eventual llegada de mediocridades y/o la subsistencia dentro de la élite de gente de inferiores talentos, pero un piso minimo superior de eficacia caracteriza a toda élite.

Paradojalmente hoy en día la igualdad, más exigida que nunca por más gente que nunca, es más irreal y dañina que nunca pues las sociedades modernas necesitan con más urgencia que en el pasado reclutar a los mejores para preservar su compleja estructura tecnológica. Simultáneamente necesita menos que nunca al *rank and file* de la humanidad, el hombre sin mayores capacidades, porque la base económica se hace menos dependiente del músculo y trajín humano y más de máquinas e informática, en poco tiempo más de Inteligencia Artificial. Por todo eso, la insistencia frenética en la igualdad de los movimientos "progresistas" es intrínsecamente reaccionara, estéril y anacrónica.

FEMINISMO

El feminismo no es reciente; sus primeros balbuceos o al menos los primeros que registra la historia aparecen ya en el siglo XVIII, antes y durante la revolución francesa, con el protagonismo de varias damas muy notables. Una de las más destacadas fue Marie Gouze, quien con el seudónimo de Olympie de Gouges escribió dramaturgia mientras con una compañía itinerante recorría los teatros de toda Francia. Olympie, además, escribió "La esclavitud de los negros", obra con la cual enojó a Versalles pues en tiempos de la monarquía la mitad de los ingresos fiscales provenían del comercio de esclavos. Como resultado de eso, terminó alojada en La Bastilla por un tiempo. En el curso de su carrera Olympie publicó más de treinta panfletos abogando por un programa de reformas sociales, todos con un contenido feminista defendiendo la igualdad del hombre y la mujer en lo público y privado, su derecho al voto, a trabajar, participar en la vida política, tener propiedades y recibir una educación. Incansable, luchó por la erradicación del matrimonio y la instauración del divorcio. Durante la revolución, en 1791, escribió la Declaración de los Derechos de la Mujer y de la Ciudadana inspirándose en la declaración de los derechos del Hombre. Se unió al partido de los girondinos, criticó duramente a Robespierre y Marat —jacobinos— y la creación del Comité de Salvación Pública. Detenida en agosto de 1793, el tribunal revolucionario la hizo guillotinar.

¡Qué gran mujer fue Olympie, pero no sería la única! Sophie de Condorcet, Madame Roland, Madame D'Stael, Teroigne de Mericourt, Pauline Leon, Claire Laconte y Mary Wollstonecraft fueron algunas de las conocidas que en esos años y con sus obras, sus dichos, sus escritos y sus acciones lucharon por darle a la mujer los derechos que le corresponden. Algunas lo pagaron muy caro. Madame Roland también acabó en la guillotina y Teroigne en la casa de orates. Fuera de estas mujeres destacadas que llegaron a los libros de historia, muchas de las que no sabemos ni siquiera sus nombres, mujeres anónimas de los sectores humildes de Francia, participaron muy activamente en los clubes revolucionarios, hicieron propuestas, votaron resoluciones y en todos los sentidos presionaron para convertirse en agentes del proceso revolucionario, lo que fueron en varios momentos. Mujeres serían, vendedoras en un mercado al aire libre de Paris, las que formaron y encabezaron la marcha que fue a buscar a Versalles al rey Luis XVI y familia, iniciativa que tuvo importantes efectos políticos.

Durante el siglo XIX, terminadas las guerras napoleónicas y orientados los fervores revolucionarios a la causa nacionalista y/o liberal, el feminismo como movimiento público con alguna resonancia y membrecía tendió a disiparse, aunque no la presencia pública de las mujeres. No por casualidad el famoso cuadro de Delacroix sobre la revolución de 1830 que derrocó a Carlos X, titulado "La Libertad Guiando al Pueblo", tiene como figura principal a una mujer envuelta en la bandera de Francia. Adicionalmente un buen número de mujeres estuvieron activas en el campo de la literatura y las artes poniendo en un creciente primer plano los *stocks* de talento del género femenino. En literatura el número de mujeres que destacaron –algunas convertidos en clásicas hasta el día de hoy– es importante. Entre las más notorias se encuentran Jane Austen (1775-1817), Mary Shelley (1797-1851), Cecilia Böhl de Faber (1796-1877), Aurore Dupin (1804-1876), Gertrudis Gómez de Avellaneda (1814-1873), Charlotte, Emily y Anne Brontë y Rosalía de Castro (1837-1885), George Sand (1804-1876), George Eliot (1819-1880), Emilia Pardo Bazán (1851-1921). Hubo muchas más.

A principios del siglo XX emergió otra encarnación del feminismo, esta vez abiertamente orientado a obtener derechos políticos. Por esa razón fueron llamadas "sufragistas" pues reclamaban el derecho a sufragar. Luego la Primera Guerra Mundial abrió espacios a las mujeres de los sectores más modestos al hacerse necesarias en las fábricas de armamentos y lo mismo sucedería en el curso de la Segunda Guerra Mundial en los Estados Unidos; paralelamente las mujeres fueron apareciendo en cada vez mayor número en la burocracia privada y pública, la educación, la salud, el *entertainment* y, una vez más, en la literatura. Lo exigió no una decisión política ni la presión del público, sino el imperio de las circunstancias y las necesidades económicas.

La oleada feminista del presente es la más poderosa y exitosa hasta la fecha, pero también la más extravagante en su radicalización, en los extremos a que han llegado sus posturas, demandas y exigencias. Es el destino de todo movimiento: cualquiera sea su legitimidad y racionalidad, tarde o temprano se convierte en "ismo" y hace de los razonables postulados de su inicio una caricatura extrema y a veces hasta ridícula. Tal cosa sucede en la misma proporción con que su membrecía deja de limitarse a la adhesión de algunos "adelantados" —o "adelantadas"— y pasa a constituirse en un movimiento de masas, esto es, recibe en su seno el aporte cuantitativamente sustantivo pero cualitativamente anémico de una muchedumbre. Ya no se trata de personas educadas y talentosas rechazando una injusticia o un error y escribiendo ensayos y novelas, sino de la mujer común y corriente a quien no se puede reclutar con finezas argumentales, sino con "convocatorias", "llamamientos", eslóganes que vayan a su corazón, sentimientos, rabias, rencores y frustraciones. Es sólo cuando han sido convertidos en un catálogo de clichés estridentes que las "causas" adquieren fuerza, pero entonces ya no es la fuerza de la idea sino la del cliché la que opera y se despliega, ya no es la aspiración del originador sino de la masa más bien ignorante la que vale, ya no son los más elevados ideales los que dominan sino los bajos instintos del odio, el rencor y el afán de venganza.

Es quizás necesario que ocurra dicha conversión desde la idea originaria al grito estridente para que un nuevo sistema de valores tenga la oportunidad de materializarse; es indudable que se requiere congregar a las masas para lograr algo si de cuestiones políticas o globales acerca de cualquier tema se trata y para eso no se las congrega ni moviliza con elegantes abstracciones y raciocinios. Por la misma razón, dicha necesidad se paga con un precio muy alto, el del efecto y consecuencias de las distorsiones, exageraciones y delirios a los que eventualmente se inclina el miembro promedio de un movimiento, desnaturalizando en buena parte el principio fundacional y esparciendo en su delirante marcha una enorme cantidad de daño. Las turbas parisinas que asaltaron la Bastilla y mutilaron y decapitaron al oficial que estaba a cargo no fueron impulsadas a hacer tal cosa por la fina ironía de Voltaire o los raciocinios de Diderot, sino por discursos febriles de activistas profesionales u ocasionales que los congregaron e incitaron a atacar ese establecimiento.

Es precisamente lo que observamos hoy en las demandas, posturas y exigencias del movimiento feminista. Ya no se trata de promover cuestiones tan razonables como la igualdad laboral en materia de remuneraciones, sino hoy el movimiento tiende a darse metas extremas, a cargarse de temas ideológicos, legales, semánticos, de

costumbres, valores y prácticas sociales que a menudo
desafían el sentido común y a veces hasta la decencia y
la humanidad. Ha sucedido así porque al movimiento se
encaramaron señoras y señoritas instigadas por lamenta-
bles historias personales encontrando en aquél el vehícu-
lo perfecto para evacuar sus furias, pero además al movimiento también se adhirieron niñitas apenas salidas de
la adolescencia y alimentadas mentalmente por folletería
feminista repleta de ardor; junto a ellas también se tre-
paron mujeres de sexualidad alternativa imaginando que
con el feminismo sus preferencias iban a obtener mayor
legitimación y finalmente se plegaron hombres de sospe-
chosas inclinaciones, políticos oportunistas en busca de
votos y figuración, artistas de tercera categoría buscando
destacarse y aparecer como creativos y originales pese
a su irremediable mediocridad, amen de comunicadores
en procura de *rating* y progresistas al por mayor y menor
que se asocian a cada causa que suena a cosa nueva. En
todo sentido el tumulto de los feligreses del movimiento
es incoherente, estridente y desquiciado y como efecto de
eso una cantidad creciente de mujeres inteligentes, con
experiencia de la vida y sentido común, se han ido ale-
jando de esas posturas entendiendo con toda razón que
la causa femenina no es ni puede ser equivalente a ese
extremismo insano, chirriante, hostil a los hombres, a la
cultura "machista", a la entera historia humana.

El feminismo, como todo "ismo", es una postura extrema, simplista, rabiosa y agresiva, que es en lo que se
convierte toda idea cuando cae en manos de la masa y
la usa como ariete para violentar un orden social o un
estado de cosas que detestan porque lo asocian con sus
penalidades, su miseria, su subordinación y minusvalía.

Estos agravios pueden realmente existir y estar asociados al orden social existente, pero en el afán de demolerlo o trasformarlo inevitablemente se pasa de la irracionalidad congelada del estado de cosas vigentes a la irracionalidad apasionada, dinámica y violenta del "ismo". Dada la naturaleza humana, escasamente dotada de razón y sólo muy levemente influida por ella, parece no haber otro camino para derribar las injusticias sino cometiendo otras injusticias.

ORGULLO GAY

El tema de la homosexualidad es mucho más antiguo que el del feminismo. Ha habido homosexuales desde el principio de la historia del *homo sapiens*. Siendo la homosexualidad una variante del erotismo y siendo el erotismo parte constituyente y fundamental de la naturaleza humana, es casi seguro que su presencia coincide con dicho comienzo, pero de cómo fue tratada o percibida en ese pasado tan remoto no tenemos idea. Cabe colegir, por lo que sí sabemos de culturas que han dejado registro de sus actos y sentimientos, que el tema ha sido visto y tratado muy diversamente en distintas sociedades y épocas. En algunos casos puede suponerse que ha reinado cierta indiferencia, en otros ha sido asimilado de un modo u otro al repertorio de las conductas lícitas, aunque sólo si practicadas de acuerdo a ciertas reglas, en otras se ha perseguido de los modos más violentos y crueles, en algunos se ha disimulado su existencia o se ha hecho la vista gorda, en ocasiones se le ha visto como "degeneración" o como enfermedad, como tendencia con la que se nace o que se aprende , etc.

En todos los casos el tema no pasa desapercibido. Nunca se lo ve como cosa que no requiere comentario. La indiferencia, cuando existe, es fingida o forzada; la moda y un cierto criterio acerca del refinamiento pueden promover un aparente desinterés en las conductas sexuales del prójimo o hasta acaso se celebren ciertas modalidades como signos de sofisticación y alta cultura, actitud que reinaba en algunas cortes del siglo XVIII en Europa, pero la censura y hasta el castigo, la repulsa de algunos sectores, la indignación de otros o siquiera la sospecha, nunca se han desvanecido. Si acaso los nobles de la corte de Luis XV se sonreían ante las conductas de *debaucherie[14]* de algunos marqueses o condes, muy otra era la actitud del pueblo llano de Francia. El sexo es demasiado importante, demasiado poderoso, demasiado invasivo como para que sus manifestaciones no produzcan reacciones muy fuertes, en este caso generalmente negativas o como mínimo de reproche, sospecha, censura o burla. En no pocos casos —en la Edad Media europea— el homosexual era condenado a la hoguera. En otras épocas la conducta homosexual, especialmente la masculina, implicaba una instantánea muerte social. En grado mayor o menor la homosexualidad ha sido vista y evaluada como una desviación de la norma heterosexual aun si dicha desviación no entraña castigo o censura, aun si es vista con benevolencia o indiferencia, aun si se la considera una variante aceptada y aceptable del placer erótico, pero en todos los casos, ya sea expresa o tácitamente, el sexo heterosexual opera como la vara de medida y por

---

14   libertinaje.

eso la homosexualidad siempre ha pesado, sobre quien la ejercita, como algo siquiera vagamente peligroso, censurable, discutible, reprochable y sancionable.

El movimiento homosexual de hoy, a veces materializado con desfiles alegóricos con trazas de carnaval y en los que se proclama el "orgullo gay", pretende poner un fin definitivo a esa situación que en el mejor de los casos es ambigua o a medias tolerante. Tal vez su propósito es que la homosexualidad no sea objeto de examen o hasta de percepción y para eso, paradojalmente, se la ostenta exageradamente. El designio es que, haciéndose presente a la fuerza, finalmente no suscite comentarios ni interés, no llame ni a la censura y quizás tampoco a la preocupación, curiosidad, benevolencia o malevolencia; la proclama "orgullo gay" es menos una sugerencia de haber algo especial para sentirse orgulloso que, al contrario, deje de ser motivo de vergüenza.

De ser así, el movimiento gay entra de lleno en la lógica de todo "ismo": no pudiéndose restaurar o crear el buen sentido sobre la sola base de la razón, preciso es entonces empujar más allá de lo natural desatando las furias y las pasiones con el objeto inconfeso y quizás inconsciente de alcanzar el sano punto medio, "de rebote". Cuando se es consciente de esa táctica se habla de la política del "tejo pasado". En cualquier caso un movimiento es un medio para conseguir un objetivo movilizando a los interesados con conceptos simplistas al alcance de todos los entendimientos y sentimientos; la movilización es un medio, los simplismos usados son un medio, las pasiones desatadas un medio, las proclamas vertidas un medio.

El gran problema con este medio para promover una causa es precisamente que de mecanismo de promoción se convierta en "causa", esto es, de instrumento se convierta en fin en sí mismo. Desde el comienzo todo movimiento se plantea de esa manera porque de otro modo no lograría movilizar a nadie. Las multitudes que se suman a una causa no lo harían si se les dijera que las proclamas vigentes son "algo exageradas y simplificadas para que ustedes las entiendan y asocien a ellas sus emociones". Más aun, a partir de dichas proclamas simplistas se desarrollan "derivadas" aun más distorsionadas de autoría de los "creativos" de las masas y/o nacidas de impulsos y opiniones que en el seno del movimiento parecen plausibles y hasta necesarias.

Por esa razón el movimiento tendiente a despenalizar legal y socialmente las conductas sexuales alternativas ha ido más lejos de lo que sugiere el sentido común y en especial ha invadido el territorio de la política progresista, pero no porque ese sector esté repleto de iluminados sino porque toda causa que convoque siquiera a una minoría sirve, "suma". De ahí que se promuevan iniciativas a nivel ministerial a menudo sobrepasando de lejos los límites que impone la razón. De ahí que se permita a demagogos del sexo que prediquen en los colegios a niños menores de 11 años la doctrina de que la preferencia sexual es elegible y se distribuyan textos y se celebren programas con ese fin; de ahí que se sostenga que no existen géneros masculinos y femeninos como resultado de condicionamientos biológicos, sino se trata de una "preferencia"; de ahí que se propongan sanciones contra quienes hagan bromas capaces de lastimar el ego de los homosexuales o los travestís.

Este desquiciamiento superlativo que se aproxima a la caricatura no es simplemente una "desviación sectaria" del movimiento que se corregirá cuando se logren las metas; hoy esas distorsiones y exageraciones son parte constituyente de la doctrina. No es ya una colegiala quien insiste en hablar de los "poetes", sino todo un nuevo modo de hablar con pretensiones académicas. Lo dicho por esa colegiala adquiere el carácter de norma y "deber-ser". Se nos dice, no ya como opinión sino como axioma, que el sexo es cosa elegible, entidad cultural y no biológica por lo cual separar a los seres humanos en hombres y mujeres es resultado de una ideología reaccionaria que debemos "cancelar".

Es el momento cuando el "orgullo gay" y quizás el "orgullo travesti" deja de ser un afán por obtener tolerancia y se convierte en postura que exige consagración en calidad de Verdad Revelada. Es el momento cuando la demanda de tolerancia para los gay se convierte en intolerancia contra quienes no celebran la causa gay. Y como sucede con todo movimiento que alcanza su masa crítica y circula armado de la presunción de ser la verdad, la masa ciudadana sólo se pliega a esa postura por miedo a la sanción, a la cancelación, al ataque físico o legal, al ridículo, a la funa, a la pérdida del trabajo, la estigmatización en todas sus formas.

PARIDAD

El devocionario progresista exige que en todos los ámbitos de la vida se instale e impere la "paridad". El término ya se ha sacralizado. No se discute su valor. No se debate lo adecuado o no de su presencia en todo orden de cosas. Peor aun, no se examina qué entraña ese término, en qué se traduce en la práctica, cuáles son sus consecuencias. Como otros vocablos consagrados por el uso y el abuso, se le acepta sin chistar como sea se presente; es palabra "buena onda" no importa qué signifique pues está de moda usarla, es legítima y legitimadora, es axiomática e indiscutible.

¿Y qué quiere decir? Quiere decir que en todos los ámbitos de la sociedad, en todos los escalafones de los servicios públicos, en todos los pasillos del poder, en los directorios y las jefaturas, aquí en la Tierra como en el Cielo debe haber ocupando cargos igual número de hombres y de mujeres. Igualdad en el número, no igualdad en la competencia, el saber o el talento. Si no hay cómo cumplir dicha cuota con gente capaz, se pondrá en ese escalafón o en ese directorio a cualquier persona que tenga la condición de ser mujer, independientemente de sus méritos. ¡La cuota tiene que cumplirse o de lo contrario ese directorio, empresa o institución comete pecado contra el movimiento feminista, la igualdad de los géneros, la justicia y la reparación histórica!

Es entonces, la paridad de género, una variante del movimiento o postura que exige "cuotas", esto es, un porcentaje decidido *a priori* de cuánta gente de tal o cual condición social, sexual o racial DEBE llegar a cierta institución o disponer de un cargo; se asume que esa gente es parte de una comunidad, tribu, etnia, raza o nación que ha sido coartada en sus derechos, reprimida, arrinconada y vejada y entonces, dándole una participación especial y reservada en los pasillos del poder o la reputación o la academia o la economía, dicha injusticia será reparada. Importan poco los méritos; la tarea es cumplir con la cuota aun si parcial o totalmente es llenada por incompetentes.

En las universidades norteamericanas este principio ha llegado a extremos surrealistas. Aun en las especialidades académicas en las que el mérito y capacidad son de la esencia, DEBEN reservarse X cupos para que el grupo especial del momento —negros, hispanos o indígenas— despertando la sensibilidad de los decanos, del cuerpo de profesores y en especial del alumnado, asuman posiciones aun si dichos negros o hispanos o indígenas no se acercan ni de lejos a las exigencias académicas necesarias. Como es evidente que para crear ese cupo especial es preciso excluir a quienes no son parte del pueblo elegido, por esa razón la mecánica del cuoteo opera también al revés; si por desgracia los dotados para ocupar posiciones académicas son de la misma etnia, se pone un límite a su presencia y se les deja afuera de la selección para dejar espacio a la cuota.

En el caso de los cargos políticos de representación, a los que de acuerdo a una norma básica de la democracia debieran llegar sólo quienes obtienen los votos necesarios emitidos por el conjunto de la ciudadanía, el principio del cuoteo termina produciendo efectos como los que vemos en Chile con los "cupos reservados" en virtud de los cuales "los pueblos originarios", que constituyen a lo sumo el 10% de la población —y en verdad menos porque posiblemente el 90% de esos "pueblos originarios" se consideran sencillamente chilenos— tienen una pasmosa sobre-representación política, como se vió de modo escandaloso en la Convención Constitucional, la que operó no como "la casa de todos" sino como un malón jurídico-mapuche con la idea extravagante de crear un Estado a costa del territorio e integridad del Estado Chileno.

La "paridad" es una exigencia que va en contra de todos los principios que sustentan y hacen posible la eficacia funcional de una institución u organización. La eficiencia o siquiera la supervivencia institucional exige que no haya otro criterio que la capacidad profesional y más aun, es partiendo del respeto a esa capacidad que se consagra el respeto a la mujer pues, de otro modo, implícitamente se la considera un ser inferior que sólo puede acceder a las posiciones complejas si se le otorga una ventaja a base de su condición sexual. NINGUNA mujer capaz y que se respete a sí misma podría tolerar el ser aceptada en un cargo importante como beneficiaria de la "paridad" de género.

El "cuoteo", en este caso bautizado "paridad", aparece ante sus partidarios y promotores como una causa justa, un medio de reparar injusticias históricas y poner las cosas en su lugar, pero no se comprende en qué sentido y forma una injusticia del pasado puede ser reparada poniendo en práctica una injusticia en el presente. ¿Cuál es, en qué consiste la "justicia" de desplazar el saber y el talento por el género? ¿En qué sentido es "hacer justicia" el poner a la fuerza a personas sin habilidades para cumplir con una cuota y fomentar así la ya abundante mediocridad e incompetencia existente en la gestión de toda laya de asuntos? ¿Cuál es la justicia de tácitamente dejar a fuera a alguien competente para darle un cargo a miembros de esta o aquella sensibilidad o género, independientemente de sus capacidades? Si una mujer talentosa es dejada fuera de carrera por ser mujer, eso es una injusticia, pero si una mujer sin talento es dejada adentro por ser mujer, eso también es una injusticia. Mario Waissbluth, en un libro suyo de memorias, cuenta las consecuencias de ese criterio cuando se buscaba una persona para dirigir la Onemi y en vez de escogerse entre dos oficiales de ejército, ambos de alto nivel y capacitación para esa función, la presidente Michelle Bachelet prefirió una señora que Waissbluth caracterizó como "reguleque". Las consecuencias se vivieron el 27 F...

Es indudable que en el curso de la historia las mujeres han tenido menos oportunidades de hacerse valer, lo que ha sucedido en parte por situaciones de hecho –su literal encierro en la vida doméstica– que les han puesto dificultades para acceder al poder y en parte por normas de derecho que se lo han prohibido, o por la fuerza de costumbres que se lo han obstaculizado. En el pasado sólo en casos excepcionales han conseguido destacar, pero hoy no es así aunque en ciertos espacios queden restos fósiles de esa actitud "machista". La sola existencia del movimiento y su presión por la "paridad" es reflejo NO de una carencia de poder y derechos, sino al contrario, de que se los tiene en el grado que hace posible dicha movilización; es porque las mujeres, hoy, está presentes en todas partes que algunas de ellas, las feministas y sus feligreses de ambos sexos, han desarrollado aspiraciones que pretenden adquirir aun más presencia, pero esta vez no sobre la base de sus capacidades sino sencillamente de su género o sexo. Desde un punto de vista puramente lógico, el movimiento por la "paridad" está basado en una concepción sexista completamente reaccionaria no distinta al machismo, sino sólo de signo contrario.

LA VOZ DE LA CALLE

Entre las incontables frases estándar del repertorio progresista, aunque a menudo también usada por las derechas y los "fachos", se encuentra la expresión "la voz de la calle". Se presume que equivale a la voz de la gente del común, la del "hombre de la calle" —otra expresión standard inventada hace décadas—, a lo que piensa y demanda "doña Juanita" —esta expresión la inventó don Ricardo Lagos—, a lo que habita la cabeza del pueblo. Se asume entonces que es la opinión general de la ciudadanía, pero que, al parecer, nadie escuchaba todavía hasta que un prócer provisto de mayor sensibilidad acústica nos dice que la ha escuchado e invita a todo el mundo a hacer lo mismo.

Como argumento la "voz de la calle" no vale absolutamente nada. Es una afirmación gratuita aunque se declame con aire de solemnidad. En primer lugar nada asegura que esa fue la voz escuchada por dicho prócer; en segundo lugar tampoco sabemos si acaso escuchó bien lo que le decían; en tercero, si es la opinión o demandas de todo el pueblo o sólo el griterío de un grupo vociferante; sobretodo y en cuarto pero el más importante lugar, no puede aceptarse que una opinión vale sólo porque vino "de la calle". ¿Cuál es el porcentaje de aciertos de "la voz de la calle"? La "voz de la calle" afirmaba y afirmó por siglos que la Tierra era plana; la voz de la calle decididamente creía que los cuerpos más pesados caían más rápido; la voz de la calle estaba segura que las brujas existían y por su culpa se arruinaban las cosechas y era preciso quemarlas en la hoguera; la voz de la calle organiza las hordas linchadoras, la voz de la calle acalla a los pioneros que revelan la verdad porque la voz de la calle es la voz de la ignorancia, la rabia, la arrogancia, la vanidad y el más grosero interés. En el mejor de los casos no es sino una opinión y como toda opinión consiste en una afirmación sin coherencia lógica ninguna, sin referencia empírica, sin datos, sin pruebas, sin nada que la apoye salvo su masividad, su condición de cliché, de "lo que se dice".

Últimamente, sin embargo, parece que la voz de la calle se ha alfabetizado, ha estudiado ciencias físico-matemáticas, tiene un doctorado en historia antigua y un *magister* en filosofía así que, naturalmente, debe ser escuchada. O tal vez no tenga ninguna de esas acreditaciones, pero sí tiene derecho a voto y es capaz de encumbrar a cargos de gobierno, poner y mantener a quien desee en sus curules parlamentarios y colocar al alcance de los pitutos a los oidores de la voz de la calle. La voz de la calle es el voto de la calle.

Hay, en este llamamiento a oír "la voz de la calle", nada sino una mera variación semántica contemporánea de un tema viejo como la política y antiguo como los primeros demagogos, a saber, la ancestral y efectiva práctica de adular a las masas. En eso consiste la "demagogia". Se hacía ya en la democracia griega en el siglo V a.c. Decrépita como es, la receta funciona admirablemente bien porque se sustenta en un fundamento invencible, indestructible y permanente, a saber, la vanidad, ingenuidad e ignorancia de gran parte del género humano. Cuando se recomienda oír esa voz, implícitamente se nos dice que vale la pena hacerlo porque en ella vienen encerrados tesoros de sabiduría que el político, en su burbuja, ha olvidado; por eso debemos escucharla de una vez por todas. Con esa expresión se le comunica al votante que su sabiduría será tomada en cuenta, aunque en realidad la única voz que el político escucha con fervor es la que le habla de su interés y conveniencia y si no es así desoye sistemáticamente la "voz de la calle", como lo manifestó desnuda y groseramente el gobierno de Boric luego de su estruendosa derrota del 4 de septiembre de 2022.

A veces se dice oírla para hacerse perdonar. Puesto que en su invencible mediocridad el político de fila suele cometer un error tras otro y en ocasiones es sorprendido, para disculparse ha descubierto como muy útil adoptar una postura humilde y aduladora diciendo que "esta vez oiré la voz de la calle". Nada mejor que hacerle sentir al pueblo cuán dispuesto se está a aceptar el consejo y opinión sabia, sólida, sensata y admirable de la calle.

No hay otra auténtica "voz de la calle" que la que se manifiesta en las elecciones[15], pero es una voz que en realidad habla en la privacidad de la urna, no en y desde el

---

15 Elecciones celebradas en condiciones normales, sin cupos reservados, sin presiones, sin manipulación, sin campaña del terror.

espacio público. La del espacio de la calle no es la voz del pueblo sino los alaridos de una patota, de las "primeras líneas" del momento, de los manifestantes de turno. La voz que un político debiera escuchar es la de la razón, pero para escucharla se requiere inteligencia y responsabilidad y el político promedio sólo está dotado de alguna astucia y oportunismo.

Aun más; en ocasiones la voz de la calle efectivamente existe como fenómeno real y masivo en las encuestas de opinión, pero si no está en sintonía con la que los políticos desean escuchar, entonces se la desoye sistemáticamente. El ejemplo más grotesco la dio un gobierno colombiano que llamó a un plebiscito para consultar a "la voz de la calle" acerca de si dar o no una serie de beneficios políticos a la guerrilla de ese país, causante de la muerte de miles de personas; la voz de la calle dijo NO pero el gobierno, desoyéndola, dijo SI, porque eso deseaba. Y se siguió adelante con la iniciativa. La misma actitud tuvo el gobierno de Boric luego de su estrepitosa derrota el 4 de septiembre de 2022.

CERTEZAS JURÍDICAS

Bien decía Confucio que una nación donde se habla en exceso del imperio de la ley y/o la moral es una donde no impera ni la una ni la otra; cuando imperan, su existencia no necesita invocarse ni llega a convertirse en tema porque su presencia e imperio es tan natural que incluso se olvida; la existencia de algo se hace problemática precisamente cuando y porque no existe y entonces hay que proclamarla e invocarla con rotundas sentencias. De eso se desprende que en Chile la socorrida línea de dramaturgia progresista, la frase "dar certezas legales", refleja que no las hay.

La frase es sólo una invocación cuyo propósito es tranquilizar a los descreídos. En labios de la izquierda las "certezas jurídicas" nunca han sido sino parte del populoso mundo de sus falsas promesas; en el mismo momento cuando celebra esos rituales mágicos para ofrecer a los incrédulos una certeza imaginaria, simultáneamente dicho sector se esmera en destruirlas. ¿No está acaso en el meollo de su doctrina[16] el celebrar "trasformaciones profundas", modificar las reglas que atañen a los impuestos, cambiar las normativas ambientales, destruir instituciones, modificar leyes sobre toda clase de asuntos, suspender sistemas jurídicos y crear otros *ad hoc* para los pueblos originales? ¿Qué clase de "certeza jurídica" es esa?

La frase se pronuncia para que otros crean, pero sin creerse en ella. En otras palabras, es una mentira. Se busca simplemente convencer y apaciguar a los inversionistas. No es una afirmación que señale algo cierto para que todos lo vean, sino se hace sólo para que se la escuche. Y como toda promesa, puede violarse y será violada. Se la violará mañana, pero hoy se la profiere porque se desea que los inversionistas vengan al país, o, si ya están, que sigan estando y siendo inversionistas. Para esos efectos se les prometen certezas jurídicas en el sentido de que las reglas que atañen a su actividad no se van a modificar.

---

16   O "estaba". No podemos saber en qué situación se encontrará políticamente Chile cuando este libro se publique.

167

Lo mismo podría hacer un criador de gallinas diciéndoles a estas que se le acerquen sin miedo porque, les promete, nos las va a desplumar ni retorcerles el cogote. La brutal verdad es que se llama a los inversionistas con cualquier cuento que sea preciso porque, para ordeñarlos, se necesita tenerlos a mano. Los izquierdistas en general y hasta los comunistas en particular ya se enteraron que una economía de comando central no funciona, de modo que hoy, en su versión siglo XXI, el socialismo consiste en tener un establo de vacas lecheras y/o un gallinero bien provisto para obtener la leche, los huevos y la carne.

Fuera de eso, ¡qué bien suena la frase "certezas legales"! No sólo es útil para engañar a los adinerados de modo que se aproximen y se les pueda meter la mano al bolsillo, sino también para engañar a los incautos, las vastas secciones del país elector que compraron la tesis de la "social-democracia", de la moderación, la equidad y, como cereza coronando la torta, las certezas jurídicas. "Certeza" es vocablo que suena bien sin reflexionarse que dicha certeza puede ser de una desgracia. Certeza equivale o suena a continuidad, seguridad y estabilidad, cosas agradables para el ser humano que vive en el temor y la suspicacia como toda criatura viviente sumida en medio de una naturaleza peligrosa o al menos imprevisible. Las clases medias quieren certezas; quieren que no les vayan a expropiar los pocos ahorros que metieron en una empresa de inversiones, que no les vayan a robar sus cotizaciones de toda una vida de trabajo, que no les quiten la casa o se las llenen con compañeros inmigrantes, que no les vuelvan a subir las contribuciones, que no los asalten en la calle, etc, etc, todo lo cual les causa inmensa ansiedad y por lo mismo y en grado proporcional a dicha inquietud son susceptibles a prestarle crédito a cualquier promesa que les asegure que nada de eso va a ocurrir.

"Certezas jurídicas" es entonces el lado publicitario y mentiroso del discurso políticamente correcto pues, en su esencia, este es revolucionario y desdeña casi toda certeza, salvo esta: es preciso destruir el orden social burgués y sus certezas.

EMPAREJAR LA CANCHA

En el pasado no se otorgaba perdón a quienes no se hacían responsables de sus errores y culpaban al prójimo; de esos sujetos solía decirse con merecido escarnio que eran "el cojo echándole la culpa al empedrado". Esa expresión hoy no se usa; es demasiado reaccionaria porque atribuye la responsabilidad al cojo[17]. Hoy la culpa siempre es de otros y/o las circunstancias. Para reflejar esa nueva y luminosa mirada el empedrado fue sustituido por la "cancha dispareja". Es una de las más populares expresiones con que el discurso políticamente correcto explica las diferencias de *perfomance*, logros, éxito y excelencia entre los participantes en una actividad cualquiera. No se acepta la posibilidad de que los ganadores sean más inteligentes, diligentes, trabajadores, perseverantes, ambiciosos, capaces y virtuosos. Nada de eso; la cancha estaba dispareja. Se asume que había una cancha lisa, horizontal y cómoda para las élites y otra pedregosa, empinada y llena de baches para los de abajo.

---

17 Tal vez no deba tampoco hablarse de "cojo", sino de persona con problemas de movilización pedestre.

Esta explicación de las varias canchas, unas buenas y otras malas, ha sido y es usada muy especialmente en el caso de la educación. Los hijos de ricos, se nos dice con molestia y rencor, nacieron y crecieron en un ambiente que les permitió desarrollar mejor sus habilidades cognitivas, contaron con mejores colegios, mejores profesores, mejores expectativas y no es entonces raro que obtuvieran buenos puntajes en las pruebas de selección y accedieran a las carreras más prestigiosas, rentables y exigentes de los mejores establecimientos del sistema universitario. La respuesta a eso sería, según los progresistas, "sacarle los patines" a los mejores, arrojarlos todos a la misma condición. Una vez hecho eso, los nenes de todas las extracciones sociales competirán de igual a igual.

Tal vez ya hay una sola cancha en la educación y otros ámbitos de la vida nacional porque, como es público y notorio, un lamentable grado de ineficiencia y deterioro reina por doquier y la educación en particular sufre un verdadero colapso. La productividad laboral es bajísima, el interés por innovar es casi inexistente, la dedicación al estudio y/o al trabajo brillan por su ausencia, el afán por eludir responsabilidades y esfuerzos es notorio, la deshonestidad abunda en todos los niveles y en todas las esferas de la vida, el trabajo hecho a medias es la norma, la pereza y la negligencia abundan en grado superlativo. ¿Todo eso ocurre simplemente por la existencia de canchas disparejas?

En los países más avanzados no reina un insistente discurso acerca de la desigualdad como explicación de las deficiencias y no se intenta "sacarle los patines" a nadie; impera la exigencia del trabajo bien hecho y se incentiva el afán por progresar, la ambición por hacerlo mejor, el respeto al talento e inteligencia, la valoración del éxito, el premio al esfuerzo y el castigo a la pereza; en otras palabras, se hace énfasis en la ética del trabajo. De esa fuente mana la riqueza de esas naciones, su increíble capacidad para recuperarse aun de los peores desastres y guerras, sus avances tecnológicos, la superioridad de su productividad cultural, su bienestar generalizado. Explicar el atraso y la pobreza debido a la ausencia de dichos elementos es insuficiente, pero infinitamente más plausible que hacerlo con la simpleza de la "cancha dispareja". Esto último no sólo es una falacia sociológica y económica, una explicación defectuosa, sino, peor, una perversa distorsión psicológica, un modo apenas velado de justificar el fracaso porque no es de responsabilidad del sujeto, sino de "la cancha".

La "cancha dispareja" es un avatar de la tradicional actitud o reflejo condicionado de las izquierdas de dividir el mundo entre los esforzados trabajadores víctimas de la injusticia y los privilegiados que la perpetran. Hablan entonces de "la lucha de clases" y se arrogan la representación de los perdedores, de las naciones atrasadas, de los que se quedaron atrás, de los siempre listos para victimizarse. La pobreza, el atraso y el menoscabo nunca tienen, para esa mirada, otra explicación que una malévola y/o abusiva intervención ajena y entonces hablan de la injusticia, la explotación, el abuso o la desigualdad como si esta última fuera una causa en vez de ser un efecto. La expresión más completa de esa actitud, la de la víctima, se encuentra en el libro "Las Venas Abiertas de América Latina" de Eduardo Galiano. Al contrario, la mirada opuesta que se enfoca en deficiencias culturales propias del subcontinente se encuentra en un libro muy poco conocido e infinitamente menos popular por evidentes razones. Es de Stanislav Andreski, (8 Mayo 1919, Częstochowa – 26 Septiembre 2007, Reading, Berkshire) y se titula "Parasitismo y Subversión en América Latina".

La cancha o canchas pueden ser disparejas, pero más disparejas son las capacidades, actitudes y disposiciones.

CARTHAGO DELENDA EST

Catón el Censor, un político de la república romana del siglo II a.C , solía terminar todas sus intervenciones en el Senado con la frase *Carthago delenda est*, que significa "es necesario destruir Cartago". Con el imperio cartaginés Roma había librado ya dos guerras –las guerras "púnicas"–, siendo la segunda en extremo difícil y costosa porque debió enfrentar el genio militar de Aníbal. Cartago se levantaba siempre después de la derrota y volvía a plantarse como un poder competitivo por el dominio del Mediterráneo. Era un imperio comercial potencialmente hostil. Catón ilustraba la prosperidad y capacidad económica de Cartago mostrando los grandes y jugosos higos que producía. Eventualmente y con un pretexto banal Roma presionó a Cartago para que literalmente cometiera suicidio. Eso llevaría a una tercera guerra que terminó con la destrucción de esa ciudad en el 146 a.C

Con la misma porfía los feligreses de la izquierda insisten en destruir el modelo social y económico que llaman "neo-liberal". Rara es la intervención en la que no afirmen, como corolario, su variante del *Delenda Est*. ¿Y por qué? ¿No fue el modelo que sacó a Chile de la pobreza tercer tercermundista? ¿No fue el que dio oportunidades de estudio en las universidades a miles de jóvenes, incluyendo a muchos de esos feligreses? ¿No elevó sustantivamente el nivel de vida de los chilenos hasta ponerlo por encima de toda otra sociedad sudamericana? ¿No incrementó enormemente el PGB y el PIB?

Importa poco. Los hechos importan poco. Los resultados importan poco. Las cifras importan poco. No importan ni las cifras ni los resultados ni los hechos porque son los hechos y cifras propios de un estado de cosas considerado como esencialmente malévolo, como lo es para dicha sensibilidad todo orden social basado en la libertad, el individualismo, la competencia, las jerarquías, la selección, el éxito o el fracaso; ellos son partidarios de un orden tribal donde, al contrario, prime la igualdad, la medianía convertida en sistema y en valor, un mundo donde no haya mejores ni peores y la dignidad humana equivalga a la uniformidad espiritual, donde los perdedores y fracasados sean "la sal de la tierra", donde las ideas se reduzcan a LA idea oficial y donde ellos, naturalmente, sean la élite de iluminados que promuevan, creen y preserven dicho orden digno de un cementerio.

Los resultados del modelo neo-liberal a lo largo de los años no son evaluados por la izquierda según su magnitud, sino según su cualidad; se les enjuicia como si fuesen expresiones valóricas de un modo de vida cuya existencia se rechaza visceralmente. Por consiguiente sus números positivos son expresiones cuantitativas del modo de vida, pensamiento y escala de los despreciables valores de la burguesía, manifestaciones de una trama de consorcios globalistas e imperialistas dedicados a "saquear" a las pobres pero nobles naciones del mundo subdesarrollado. El modelo neo-liberal no es anatema por sus malos resultados, sino porque son buenos. Eso, en la mirada de este sector, equivale a promover y consolidar el Mal. En el sistema mental del izquierdismo, del progresismo, comunismo, ambientalismo, animalismo, etc, "neo-liberal" es expresión que menciona no un sistema institucional con ciertos resultados económicos, sino es el nombre del Mal, la expresión semántica de una sociedad intrínsecamente perversa. El "Neo-liberalismo" existe y opera en la mente del creyente progresista del mismo modo como las palabras "Lucifer" e "Infierno" operaban en la mente del feligrés cristiano de la Edad Media.

Salvo la secta comunista, siempre fiel a sus dogmas no importando qué suceda en el mundo real, postura autista propia de toda secta fundada en axiomas y revelaciones de los Padres de su Iglesia, nadie más en los heterogéneos sectores de la izquierda cree realmente en el socialismo. Hoy el cuerpo principal de su membrecía consiste no en fornidos proletarios del hierro, del salitre y del carbón, sino en cohortes demográficas nacidas y criadas desde los años 80 en adelante en un ambiente de inclinación al consumo y en medio de los disfrutes y aspiraciones asociadas al modelo neo-liberal; tienen además algún conocimiento que el socialismo como sistema fracasó en todas partes y profesan o dicen profesar una vocación democrática, lo que tampoco está en sintonía con el socialismo. Por eso su agenda doctrinaria y programática es confusa, divagatoria, aspiracional, sentimental y en todo sentido a una distancia sideral del dogma marxista.

Eso mismo los lleva a construir su "cosmovisión" sobre la base no de argumentos sino de sentimientos y "sensibilidades". El marxista, comunista o socialista clásico del pasado intentaba ofrecer argumentos. Su rechazo a la sociedad capitalista se debía a que era "explotadora" y para probar ese punto usaba la teoría de la plusvalía de Marx. Dicha teoría fue refutada casi en los mismo tiempos de Marx por los análisis de varios teóricos, entre ellos Eugen von Böhm-Bawerk, con estrictos argumentos matemáticos; la teoría de la plusvalía era un argumento defectuoso, pero era un argumento. Hoy no hay equivalente a dicha teoría y a dicho argumento en el pensamiento de las huestes de izquierda. Al modelo neo-liberal no oponen un argumento, sino un "valor". A la sociedad de individuos intentando prosperar sobre la base de sus emprendimientos personales no oponen razones acerca de su eficacia, sino un modelo alternativo nunca explicitado ni definido, suerte de bucólicas narrativas de sociedades fraternas, solidarias, acogedoras, igualitarias, no consumistas, amistosas con el medio ambiente, veganas, animalistas, diversas, multinacionales, multiculturales, transexuales, etc, etc.

¿Son, esas aspiraciones, buenas o malas en sí mismas? Determinar eso depende de los valores de quien juzga, pero desde luego son insuficientes para organizar una sociedad. Una sociedad no se organiza con buenos sentimientos. Un piso mínimo de civilización, decencia, diligencia y prosperidad requiere mucho más que eso. La historia no escasea en ejemplos de paraísos artificiales nacidos de los hermosos sentimientos o del afán de justicia de un fundador inspirado y han terminado en desastres. El mundo socialista en su conjunto fue un ejemplo.

No es insólito también que en ese proceso trágico que va del sueño a la pesadilla, la frustración ante el fracaso termine siendo razón para ejercer violencia en escala cada vez mayor, a veces mayúscula, contra los "saboteadores". El sueño, obstaculizado por todas las realidades posibles, partiendo por la realidad de la naturaleza humana, termina intentando materializarse a la fuerza a pesar y en contra de dicha naturaleza. Uno de los reyes o personalidades al servicio de los reyes del siglo 18 deseosos de mejorar la vida de sus súbditos dijo una vez, para expresar su postura reformista, "por el pueblo, para el pueblo pero sin el pueblo". Los soñadores terminan diciendo "por el pueblo y para el pueblo, pero matando al pueblo".

TRANSFORMACIONES PROFUNDAS

Considerando las muchas hecatombes asociadas a las "revoluciones", el término perdió, al menos entre los mayores de 50 años, el glamour que tenía en los años 60 del siglo XX, pero no ha perdido su hipnótico poder en los adultos jóvenes, estudiantes universitarios y colegiales. Los jóvenes literalmente llegan al mundo desnudos porque el conocimiento nacido de la experiencia o del estudio no se lega ni hereda en los genes; arriban, entonces, a la escena política, sumidos en la más total ignorancia y la más absoluta arrogancia, saboreando la fantasiosa idea de que vienen a rescatar a la humanidad de sus pecados. Para los jóvenes el "revolucionario" es un personaje glorioso. En la década de los sesenta era el heroico barbudo que se fondeaba en la selva a "hacer la revolución" y hoy es el "luchador social" a quien se puede imitar cómodamente a base de eslogan proclamados en la sala de clases o en una asamblea. Han cambiado los iconos; en los años sesenta el estudiante promedio ponía en su cuarto un póster del revolucionario por excelencia de América Latina, el Che Guevara; hoy el ídolo es el indígena avivando la causa de un "pueblo originario" o acaso un combatiente de "primera línea". Rojas Vade lo fue por un tiempo figura venerable para quienes lo eligieron.

Aun así de la revolución ya no se habla mucho o al menos no públicamente. Para los adultos, todavía la mayoría electoral a la cual no debe espantarse, la palabra no sólo está asociada a horrores y fracasos, sino también a un Fidel castro envejecido, luego senil y ahora muerto. Por esa razón en estos días no existe en la semántica de izquierda una gloriosa revolución a la vuelta de la esquina, sino se nos habla de "transformaciones profundas". Ni siquiera los comunistas hablan de revolución, menos de comunismo.

¿Qué son? Se nos dice que las "transformaciones profundas" consistirían en demoler el actual sistema de AFP, acabar con las Isapre, poner término o poner límites a la educación privada, al derecho de propiedad, a la integridad territorial —se le devolverían "sus" tierras a los "pueblos originarios"— acabar con el Senado, el tribunal Constitucional, las instituciones policiales, convertir las FFAA en guardias pretorianas de la izquierda, derribar monumentos, hacer flamear otras banderas y un largo etcétera cuyo programa detallado se encontraba en la

177

proposición constitucional evacuada por la Convención Constitucional.

Dichas "transformaciones profundas" no son otra cosa, entonces, que una revolución. Su única diferencia es el nombre. La de hoy oculta su naturaleza haciendo uso de la mentira, el embuste, el eufemismo y el disimulo. La revolución, hoy, no se atreve a decir su nombre. La agenda de las "transformaciones profundas" es una revolución camuflada con otra denominación pues en ellas los principios básicos de toda revolución siguen vigentes. Sus partidarios asumen, como siempre lo han hecho, las siguientes premisas:

1. Que es posible y legítimo forzar los cambios para que la sociedad siga la ruta que a cierto grupo ideológico le parece correcta. Para eso es legítimo inocularle "inestabilidad" al sistema y eventualmente hacer uso de la violencia.

2. Que ese grupo ideológico sabe perfectamente cuál es la ruta debida.

3. Que en todo sentido la sociedad ha de comenzar desde cero, refundarse, cambiar sus signos, su lenguaje, sus ideas, valores, costumbres, léxico, todo.

Dichas premisas son falsas y peligrosas. Es falsa la de saberse sin duda alguna, merced a una docena de abstracciones, qué necesita una sociedad; es falsa la de que cambios forzados contra la voluntad de muchos tendrán buenos efectos; es falso —y arrogante— contabilizar los costos como cosa necesaria y justificable. Estas falsedades tienen padre y madre; padres son los intelectuales de la doctrina, madre pasiva los feligreses de aquella. Dichos intelectuales son en grados diversos miembros de esa categoría de personas que describió Raymond Aron en su obra "El Opio de los Intelectuales". Se les llama "intelectuales" pero no necesariamente son inteligentes. Si "Inteligencia" es la facultad que permite entender el mundo como es, sus operaciones y sus leyes de funcionamiento, entonces es precisamente la facultad de la que carece el intelectual pues no se contacta con la realidad sino acepta un grupo de vocablos que supuestamente abrazan dicha realidad. Su apego a una doctrina y a abstracciones a las que rara vez o nunca examina en su validez, contenido, operaciones y límites, aleja a este intelectual de la inteligencia y lo aproxima al estatuto del creyente. El intelectual de la política no mira lo que es, sino lo que a su juicio "debería" ser; dado a la retórica, en su imaginación llena de vanidad cree que sus palabras son un fiel reflejo del mundo. Examinaremos más adelante a esta clase de "intelectuales".

"Transformaciones profundas" viene entonces a significar sencillamente una demolición profunda de lo que es para dejar espacio a eso que no se sabe qué podría ser. Transformación profunda sólo garantiza, como lo prueba la evidencia histórica, un profundo daño, una profunda miseria, el salto a un profundo abismo. Es equivalente a patear un tablero sin saberse qué lo sustituirá, a abusar de las resonancias positivas que la palabra "transformación" tienen para muchas personas que no piensan cómo el deterioro, descomposición y destrucción son también una "transformación profunda".

RR.EE COLOR TURQUESA

Ya hemos visto, en la primera parte de este libro, la desastrosa conducción de nuestras relaciones internacionales por parte de Boric y afirmamos allí que eso deriva no sólo y simplemente de deficiencia personales, sino del tipo de mirada que sobre esa materia tiene la izquierda. En su esencia, esa mirada deriva de un ángulo especialmente cándido del pensamiento políticamente correcto, a saber, uno que considera las naciones y los Estados como si fueran personas con sentimientos, posturas y actitudes respecto a otras naciones o "personas". A partir de esa extravagante presuposición, tal vez plausible en la remota época cuando la humanidad se aglutinaba en clanes unidos por lazos de sangre, la izquierda nos dice que tales o cuales países están unidos por "lazos fraternos" o comparten ciertas ideas y tienen determinadas posturas comunes como si se tratase de compadres reunidos en un asado.

El hablar de fraternidad o "amistad entre los pueblos" no es un lenguaje ajeno a la diplomacia, pero se pronuncia *tongue-in-check*. No existe un diplomático que no use esas palabras ocasionalmente, pero tampoco existe uno que las diga sinceramente. Son frases de cortesía y buenos modales espetadas antes o después de los brindis que inauguran o celebran un tratado comercial inspirado no por la amistad entre los pueblos, sino por los intereses entre los Estados. Fue el primer ministro británico Lord Palmerston (1784-1865), quien, durante su mandato, dijo esta dura verdad: "las naciones no tienen amigos o enemigos permanentes, sino intereses permanentes". Puede ser cínico, pero es cierto.

¿Cómo podría haber fraternidad entre los pueblos cuando escasamente la hay dentro de los pueblos, a menudo incluso siendo mercancía escasa dentro de las familias? El mismo Lord Palmerston le dijo lo siguiente a quien deseaba fundar las relaciones internacionales sobre una base de amistad y cooperación: *"it would be very delightful if your Utopia could be realized and if the nations of the earth would think of nothing but peace and commerce, and would give up quarrelling and fighting altogether. but unfortunately man is a fighting and quarrelling animal"*[18].

La amistad, la fraternidad, el amor, el afecto, la benevolencia o la simpatía rara vez gobiernan las relaciones entre los seres humanos y nunca entre agregados de seres humanos, entre grupos o naciones, salvo que estén transitoriamente unidos para volcar en conjunto, como aliados, su hostilidad hacia un tercero. Entre las naciones cabe esperar una relación de mutuo beneficio que hace posible y/o reposa en la paz o al menos en una mutua indiferencia, nada más. Conseguir tales cosas, modestas como son, es ya gran hazaña que requiere los esfuerzos perseverantes de generaciones de diplomáticos y gobernantes.

Pese a su brutal e innegable realismo, esa verdad, comprobada una y otra vez en la historia universal de naciones, Estados, Imperios y hasta clubes de barrio, no hace mella en la mente de las izquierdas. La misma visión

---

18 "Sería una delicia que su utopía pudiera realizarse y las naciones no pensaran sino en la paz y el comercio y dejaran de luchar unas con otras, pero desafortunadamente el hombre es un animal disputador y peleador"

ingenua que los lleva a ver el hombre como lo veía Jean
Jacques Rousseau, para quien era criatura esencialmente
benévola y pacífica a la que sólo la civilización corrompía
y desviaba de su vocación amorosa, permea y repleta el
pensamiento progresista en asuntos internacionales. En
la visión de los progresistas, los Estados, las fronteras,
las fuerzas armadas o el patriotismo son objetos o sentimientos aborrecibles, productos nefastos del orden social
y no, como lo son, elementos constantes que resultan de
la naturaleza humana y del modo como operan las sociedades. Ni los clanes de la era de las cavernas, ni las tribus
primigenias, ni imperios ni Estados, ni reinos ni bandas
de forajidos, en breve, ninguna organización en el entero
curso de la historia humana ha sido fundada y sostenida
a base de buenos sentimientos. Los ideólogos y las almas
piadosas creen que todo lo que les muestra la realidad
desnuda y feroz sólo pertenece a la "prehistoria", que no
hay naturaleza humana permanente de la cual broten
también permanentemente la clase de conductas que conocemos manifestándose en las más distintas sociedades; para los progresistas el egoísmo tribal o personal son
constructos artificiosos que pueden ser demolidos para
establecer, al fin, la utopía Rousseauniana.

Hoy se ha llegado aun más lejos porque la percatación de
las realidades del mundo ha sido sustituida no sólo por
fantasías, sino, peor aun, por aspiraciones y anhelos sus-
pirantes. Debido a eso las RR.EE chilenas deben no sólo
considerar amigos a quienquiera hable el mismo idioma
y comparta fronteras, —los "pueblos hermanos"— sino
además y de modos misteriosos dichas relaciones internacionales deben incorporar en su quehacer, amen del
amor fraterno, la "paridad de género" y las sensibilida-

des femeninas. Eso les daría un colorido "turquesa". En breve, a las RR.EE les han sido encomendada la tarea o misión de promover causas valóricas. Todo esto es increíblemente surrealista, pero puede tener consecuencias muy reales cuando quienes piensan de esa manera llegan al poder. Una postura empalagosa en su sentimentalismo y utopismo conduce a defensas insuficientes o hasta inexistentes de los intereses nacionales. En virtud de esa mirada, ¿habría que ceder territorio a Bolivia debido a la entrañable amistad entre los pueblos? ¿Se cederá territorio a la CAM so pretexto de que se le debe algo, una "deuda histórica", esa entidad fantasiosa, los "pueblos originarios"? ¿Nos desarmaremos porque con el presupuesto de las FF.AA podríamos construir más hospitales y además no estamos rodeados de enemigos potenciales, sino de "pueblos hermanos"?

Estas posturas no son sólo resultado de la ignorancia y el "buenismo"; dicha visión deriva también en gran parte de uno de los principales componentes del discurso políticamente correcto a nivel mundial, la postura del globalismo, la cada vez más insistente idea de necesitarse un orden mundial que supere y deje atrás los Estados independientes, idea desarrollada a partir de la presuposición de que el actual orden mundial basado en miríadas de entidades políticas independientes bregando, cada cual, por aumentar el PGB y ofrecer más elevados estándar de consumo a sus ciudadanos, sería ambientalmente insostenible; el planeta no tiene suficientes recursos materiales para sostener ese ritmo de crecimiento, en especial si a se suman las todavía vasta masas poblacionales que no han accedido a él, a lo cual deberían agregarse los efectos en contaminación y calentamiento global derivados de ese estándar de vida masificado a nivel planetario. Todo eso, se dice, pondría en peligro la subsistencia de la vida en la Tierra. Debemos hacer un *"reset"* nos comunica el ahora ¡al fin!— rey del Reino Unido, mientras un filósofo nos informa que "no tendremos nada pero seremos felices". No habría Estados sino a lo más, en Sudamérica, una suerte de federación a base de "pueblos originarios".

FELIGRÉS BOBO Y AGRESIVO

Más que ningún otro sistema o agregado de ideas, el discurso políticamente correcto requiere una masa de feligreses muy numerosa y de la más amplia credulidad posible. Esta condición puede satisfacerse sin dificultades porque las grandes mayorías poseen en abundancia las virtudes teologales de la ingenuidad y la necedad. Por eso la feligresía progresista no escasea en número porque la inteligencia media de cualquier agregado humano no es sólo estadística y relativamente "media", sino absolutamente baja. Las capacidades de raciocinio del hombre y mujer común son muy limitadas y además hacen muy poco uso de ellas; no es entonces cosa extraordinaria que si acaso en algún momento sus espíritus, normalmente sumidos en la cotidianeidad, quieren respuestas para las "grandes preguntas", escojan las más simplonas, las que pueden entender y operan como anestésicos de sus falencias proyectando sus responsabilidades y culpas hacia otros; a esa ventaja se agrega el placer de sumarse a una masa numerosa de creyentes.

La afiliación a la tribu no pasa por un estudio previo siquiera somero de las ideas simplonas que se están ofreciendo. Aun siendo elementales, pueden aun así estar por sobre sus capacidades o de su disponibilidad, ganas y disciplina para examinarlas; sumarse a la tribu no es decisión intelectual sino un acto de fe; el converso no requiere examinar un concepto -"Justicia", por ejemplo– sino sólo hacer uso de la palabra, de la resonancia de esta, de las imágenes que se asocian con ella, de los sentimientos que inspira. El concepto se convierte en invocación y su significado es, para el creyente, tan ignoto como para la beata oír al cura decir "*ora pro nobis*".

Los discursos políticamente correctos necesitan multitudes porque está en su naturaleza la pretensión no sólo de comprender el mundo, sino de cambiarlo. Para eso es necesario "movilizar" seguidores. Los sumos sacerdotes del discurso, los que lo crean y preservan, los que lo usan intensamente, los que le agregan nuevos capítulos e items, los que están en la cima de la cadena alimenticia, en breve, los profetas y los mesías, no son mucho más lúcidos que los seguidores, pero pese a eso o debido a eso se aferran aun más intensamente a su "doctrina" porque dependen profesional y visceralmente de esta. No son más inteligentes, pero dominan el arte de la manipulación de las masas. Su *expertise* es la prédica, no la "teología". Son más políticos que ideólogos y más demagogos que políticos si acaso estas actividades tienen alguna diferencia. Nunca se preguntan acerca de los fundamentos de aquello que predican. Pero, ¿quién lo hace si se está ubicado en las altas esferas del movimiento? ¿Acaso el Papa medita alguna vez acerca de la plausibilidad de la narrativa que nos habla de un "hijo" de Dios y una madre que es virgen?

Cuando ocurre que un discurso políticamente correcto se posesiona del alma de las masas, cuando da lugar a la aparición de un movimiento presionando las instituciones y los valores para demolerlos y reemplazarlos, las sociedades afrontan uno de los peores momentos que puedan imaginarse desde el punto de vista político, cultural y psicológico. En efecto, cuando masas ciudadanas carentes de conocimiento, entrenamiento mental, criterio, lógica y raciocinio se imaginan poseedoras de la verdad y mensajeros de ella; cuando sus dirigentes se suponen apóstoles y activistas del viaje hacia el Paraíso; cuando en dicha exaltada condición la medianía y vulgaridad se convierte en un nuevo y superior estándar intelectual y moral; cuando esas masas "empoderadas" se dan el gusto de destruir todo lo que en sus vidas previas se les aparecía como superior; cuando todo lo que estaba situado por encima y era prueba palpable de su inferioridad es legítimo hacerlo pedazos; en fin, cuando todo eso sucede es que ha llegado el gran día de la revancha y es lícito salir a demoler las bibliotecas, quemar libros, pintarrajear y derribar monumentos y pisotear todo lo que se interpone en el camino. Ha llegado la fiesta de la revolución y si se desea sobrevivir hay que ser obsecuente o al menos aguardar silencio ante las más bajas y necias ideas y principios de la chusma.

Esas masas cobrándose las cuentas que consideran les deben —los que las cobran robando y destruyendo se llaman hoy "luchadores sociales"— pueden llegar fácilmente al crimen. Cuando sucede, eligen como blanco a quien o quienes son más representativos de un mundo que jamás podrán alcanzar. Véase el caso de Hipatia, notable mujer nacida en Alejandría el año 335 —probablemente— y asesinada el 415 o 416 por una horda de fanáticos cristianos. Hipatia fue una filósofa y maestra neoplatónica griega que destacó en los campos de las matemáticas y la astronomía, miembro y cabeza de la Escuela neoplatónica de Alejandría, seguidora de Plotino y que cultivó con éxito los estudios lógicos y las ciencias exactas. Educó a una selecta escuela de aristócratas cristianos y paganos que ocuparon altos cargos, entre los que sobresalen el obispo Sinesio de Cirene —quien mantuvo una importante correspondencia con ella—, Hesiquio de Alejandría y Orestes, prefecto de Egipto en el momento de su muerte. Dice Wikipedia: "Hipatia fue una de las primeras mujeres matemáticas de la historia, escribió sobre geometría, álgebra y astronomía, mejoró el diseño de los primitivos astrolabios —instrumentos para determinar las posiciones de las estrellas sobre la bóveda celeste— e inventó un densímetro, por lo que está considerada como una pionera en la historia de las mujeres en la ciencia". Tan deslumbrante mujer resultaba inaceptable, intolerable para las ignorantes y resentidas masas de cristianos que asolaban las calles de Alejandría. Por eso fue asesinada del modo más cruel imaginable.

El resentimiento contra los superiores, ya sea que posean superioridad intelectual, económica, política o cultural, es una de las pasiones más poderosas que avasallan la mente humana. A menudo hirviendo a fuego lento por muchos años, cuando al fin irrumpe lo hace en la forma de un odio incontenible que lleva a la más extrema violencia. Los tiempos, entonces, cuando se vocea una doctrina que se dice y profesa humanitaria, superior, moral, un progreso para la humanidad, éticamente superior, etc, son exactamente los mismos tiempos en que se producen los actos más deleznables, criminales y destructivos, la época de las envidias convertidas en "actos de justicia" y venganza, de la bajeza trasformada en estándar, de la cobardía disfrazada de valor heroico; las más elementales normas de decencia son puestas de cabeza y las más repelentes bajezas colmadas de honores y privilegios.

CLERECÍA ARROGANTE

Wikipedia nos informa que la palabra "clérigo" era usada en la Edad Media para señalar al "hombre letrado y de estudios escolásticos, aunque no tuviese orden —religiosa— alguna, en oposición al indocto y especialmente al que no sabía latín". Hoy a alguien así se le llamaría "intelectual", pero en el examen que viene a continuación preferiremos usar la expresión "clérigo" porque denota algo más cercano al fenómeno que examinaremos. El término "intelectual" sólo describe las características o modo de ser de una determinada persona, de un individuo que presuntamente hace uso más intensivo de su intelecto que la población corriente para tratar asuntos no vinculados con el ejercicio específico de una artesanía, arte, ciencia o profesión, sino de interés general, cuasi filosófico; por eso a un ensayista o a un escritor lo consideramos un intelectual, pero no denominamos de esa manera a un ingeniero de la NASA aunque este pueda usar su cerebro para problemas mucho más a complejos e inaccesibles que los del ensayista. "Clérigo", en cam-

bio, tiene además otra acepción. En el derecho canónico
vigente en la Iglesia católica se entiende por tal a la persona que se incorpora al orden sacerdotal, al menos en el
grado de diaconado. Un clérigo, entonces, no es simplemente un individuo con ciertos atributos, sino denota a
alguien que pertenece a un grupo, a una corporación; el
clérigo es un intelectual que forma parte de un equipo de
intelectuales dedicados a conservar, defender, promover
o cultivar un conjunto común de creencias. Es a esa gente que llamaremos "clerecía".

Los discursos políticamente correctos necesitan impe-
riosamente una clerecía. Pueden tener y tienen también
admisión a la Fe "intelectuales" en calidad de individuos
y a quienes, en caso de desviarse algo del dogma o actuar por su cuenta, se les moteja ya no de intelectuales
sino de "franco tiradores". Sin embargo para un discurso
políticamente correcto esa adhesión individual, tan dependiente de caprichos subjetivos, no es suficiente; un
discurso necesita imponerse y para eso requiere discipli-
nadas filas de fusileros, no uno o dos *snipers*. Necesita
una masa organizada y cohesionada cuyos miembros
operen como comunicadores, divulgadores, activistas,
formadores de opinión y publicistas; los necesita orga-
nizados como una "orden" religiosa, internamente ordenada y distribuida de acuerdo a un escalafón, porque,
en efecto, hay una jerarquía tácita. En los sitiales más
elevados se encuentran los "ideólogos", el equivalente al
colegio de cardenales; en el segundo escalón una suerte
de obispado constituido por los académicos sumados a
la causa; por debajo de ellos pululan los sacerdotes del
montón, rol a cargo del profesorado de colegios; aun más
abajo y en calidad de sacristanes se recluta a periodis-

tas y publicistas; al fondo de la tabla está la beatería, los artistas de variedades, las bataclanas de matinales en la televisión y los actores y actrices "progres".

Todos ellos, aun los del fondo del organigrama, son gente por lo general ligeramente –imperceptiblemente– más alfabeta que doña Juanita. Hay algunos hasta mínimamente leídos, un poco más articulados que el promedio ciudadano, a veces con figuración mediática y desde luego con recursos para hacer públicos sus "pensamientos". Aun mejor, como ocurre con los profesores, hay quienes tienen audiencias cautivas. Ante sus respectivos públicos la labor de los clérigos es propalar los dogmas del discurso políticamente correcto. Tal es la clerecía y tales los clérigos de la filosofía progresista.

¿Cómo son, qué posturas adoptan, cuál es el calibre mental promedio de los clérigos? Respecto a esto último, aun el ubicado en el escalafón más alto de la clerecía, el Papa o cardenal ideológico, es necesariamente fulano (a) de módico intelecto pues, de otro modo, sería un pensador independiente, quizás hasta creativo. Es entonces persona corriente pero con letras, combinación peligrosa pues, aunque careciendo de pensamiento propio y capacidad analítica, tienen en subsidio un amplio repertorio de frases hechas, importantes, sonoras, solemnes y académicas para embobar a los incautos. El ideólogo cree en ciertas tesis y las propala con tono de *magister*. No examina lo que dice y por lo mismo nunca abandona la fantasía de que sus creencias son pensamientos y estos pensamientos expresan la verdad absoluta. De vez en cuando hacen un gesto de humildad y hablan de "autocrítica", pero no pasa de un arreglo cosmético insignificante. Más aun, inevitable acompañante de la creencia de ser dueños de la Verdad es la arrogancia. ¿Acaso no son, los iluminados, quienes están a cargo de difundir la Buena Nueva entre los gentiles? ¿No son, por tanto, miembros del pueblo elegido? Esa soberbia no es resultado de un alarde personal de vanidad, sino connatural a toda doctrina sectaria con pretensiones de revelación; es eso lo que le otorga a sus feligreses un sentimiento de superioridad respecto a quienes aun no han visto la luz, los paganos, los descreídos, los pequeño-burgueses, los ignorantes y los fascistas pobres; inevitablemente el elegido los mirará con la condescendencia a duras penas disimulada del que ya sabe. Así sucede en tiempos normales, pero dicha condescendencia se transforma en ponzoñoso desprecio si en alguna circunstancia la masa se rehúsa a oírlos y seguirlos. Ejemplo notable y notorio es lo que sucedió luego del plebiscito de salida del proceso constitucional. Finalizado con una estruendosa derrota de la opción "Apruebo" apoyada por los progresistas, no pocos clérigos de aquella corriente difundieron venenosos comentarios denostando y despreciando a quienes habían votado rechazo. Manifestaron claramente su desprecio por la presunta idiotez e ignorancia de dichos votantes. El ex diputado comunista Gutiérrez, quien ya había tildado de "fascistas pobres" a quienes votaron por Piñera, en esta ocasión a quienes votaron "rechazo" los comparó a los que prefirieron Barrabás a Jesús. Otros anunciaron que dejaban el país o la política. Hubo toda clase de epítetos de esa clase.

Esta clerecía arrogante, ignorante, de medianas capacidades y hundida hasta el cuello en creencias que no se sostienen ni en el plano teórico ni en el práctico, en ideas que tergiversan la realidad o la niegan del todo o pretenden "construirla", esta clerecía sin otra sustancia que su número y presencia en todos los ámbitos de la sociedad es la que predominaba hasta hace poco en forma triunfal, insolente y aplastante y recientemente de modo ya vacilante. Han impuesto por largo tiempo su convicción fanática, su espíritu tribal, su confianza ciega. Han operado con la seguridad que les da el hacerlo en medio de masas ciudadanas desarticuladas, dispersas, sin opiniones firmes acerca de nada. Es lo que les da a las clerecías su perfil tóxico, ruinoso, dañino. Como ocurrió con los clérigos de la iglesia Católica en la Edad Media de Europa, estas personas existen, prosperan y dominan porque se mueven en un medio atemorizado, desunido y analfabeto.

POLÍTICA DE MASAS, MOVIMIENTOS SOCIALES

En la semántica y vocabulario de izquierda, en especial en la del partido Comunista, las expresiones "política de masas" y/o "movimientos sociales" son de tan frecuente aparición en el curso de sus alocuciones programáticas y reuniones o asambleas como lo son, en la misa católica, las frases *"ora pro nobis"* y *"dominus Vobiscum"*. Son inevitables. En la última asamblea del PC celebrada algo antes de escribirse estas líneas, Guillermo Teillier, su cabeza, anunció que su colectividad se afanaría en promover una "política de masas" y de poner en acción los "movimientos sociales".

Es seguro que frases parecidas, posiblemente las mismas, se dijeron en la asamblea anterior a aquella y en la anterior a la anterior y así sucesivamente. Son invocaciones constitutivas del ritual del partido, de su visión, de sus ceremonias tribales, su puesta en escena; no tienen necesariamente una relación con el mundo real ni se supone que hagan referencia a un ente observable y verificable; como en la misa católica, se espetan para reiterar posturas, preservar una continuidad sacra, promover una comunión. Revelan, además, una veneración por "masas" que jamás han existido; "las masas" sólo existen en el imaginario izquierdista; fuera de él no tienen más realidad que los iracundos labriegos pintados por los muralistas mejicanos. Se trata de masas puramente verbales en las que el individuo desaparece en el piadoso anonimato de la comunión de los justos; es una masa invocada pero que nunca se hace presente como auténtico sujeto histórico; para eso, de protagonistas, están "las vanguardias" y/o "las primeras líneas".

¿En qué se traduce empíricamente, visiblemente, la presencia de esas masas, dónde están, qué hacen, cuándo y cómo se las ve protagonizando la historia? ¿Dónde reside esa "masa ciudadana"? Con "masas" el PC y todos los demás usuarios de esa expresión pretenden denotar las "grandes mayorías" —otra frase del repertorio de izquierda—, pero, como preguntaba H.G. Wells respecto a dónde y cuándo el proletariado dictaba algo, ¿dónde es que dicha masa ciudadana existe y lleva a cabo alguna cosa? ¿Es un actor histórico decisivo o simplemente la particular concentración de gente congregándose en un punto del espacio y el tiempo o marchando por una avenida? Y si las "grandes masas" a que se refieren los comunistas no se no se limitan a esa expresión física, ¿dónde y cómo se expresan?

Las masas no se expresan porque lo que no existe no puede expresarse. La masa marxista es tan nebulosa, atmosférica y digna de fábula como la teoría de la plusvalía. Lo que efectivamente existe en el mundo y puede verificarse con los sentidos son ciudadanos que pertenecen a tal o cual estrato social, que ejercitan esta o aquella profesión, que viven en cierto barrio o ciudad, que son miembros de esta o aquella cohorte demográfica, de clase media o alta, pobres que viven en el campo o pobres que habitan en la ciudad, individuos que hacen vidas marginales, otros que son pobladores, integrantes de bandas de delincuentes, funcionarios públicos, empleados administrativos, comerciantes, vendedores viajeros, estudiantes, colegiales, doctores en matemáticas, kinesiólogos, agricultores o deportistas y cada uno de ellos puede o no tener mucho o poco en común con otros doctores u otros comerciantes u otros pobladores y tal vez comparta una opinión o varias con los de su mismo grupo o con de otros, tal vez militen en los mismos partidos o en ninguno, voten igual o no, se expresen de tal o cual modo individual o colectivamente; lo que no hay ni hacen es ser y comportarse como una "masa" unitaria con identidad como tal "masa" y en dicha calidad protagonicen la historia.

Es singular además el hecho que tanto teórica como prácticamente el partido comunista NUNCA ha actuado de otro modo que no sea con un pequeño grupo de activistas, con una "vanguardia", con "comisarios", con minorías organizadas y paralelamente, cuando llega al poder, nunca deja de exterminar inmediatamente toda posibilidad de que se congregue cualquier clase de "masa"; véase con qué rapidez los bolcheviques pusieron fin a los soviets en el curso de la revolución de 1917. Como todo miembro de una secta religiosa o política, el comunista considera a la masa ciudadana un ganado que ha de ser redimido, pero dicha redención no vendrá del ganado mismo, adormecido por el "opio del pueblo", sino por los apóstoles o pastores. De ahí el término "vanguardia", el cual supone una retaguardia, una masa que se ha quedado o está atrás. La masa ha de ser salvada, pero lo será por los iluminados; la masa, ese término que lo significa todo y por lo mismo no significa nada, es el referente y razón de la acción, pero no su protagonista.

Una muestra muy ilustrativa de la actitud de quienes se consideran los "adelantados" la experimentó el país al día siguiente de la derrota de la proposición Constitucional, ocasión cuando un buen número de personajes de la izquierda se apresuraron en publicar *tweets* en los que se burlaron, desdeñaron y basurearon abiertamente a la ciudadanía por haber votado de modo tan opuesto a sus "verdaderos intereses". Su hostilidad y desprecio se hizo notar apenas el electorado no se dejó conducir por sus "superiores".

THE END?

¿En qué terminará la fase histórica que vivimos? ¿Acaso ha terminado ya la revolución —o más bien su intento— cuando este libro esté en sus manos, mientras lee estas líneas, quizás incluso antes que lo adquiriera? ¿Hubo ya un quiebre del proceso con el resultado del 4-S y/o habrá otro aun más brusco y cortante, al estilo del "Thermidor" de 1794 en Francia, cuando rodó la cabeza de Robespierre y sus secuaces? ¿Lo hubo ya, repetimos, el 4 de setiembre de 2022? ¿Habrá, al contrario, una aceleración del proceso revolucionario conducido por el partido Comunista, con las FF.AA neutralizadas y domesticadas? ¿O seguirá todo más o menos igual, posiblemente con una economía aun más deteriorada, una educación aun más en ruina, una zona del país aun más entregada a la voluntad de terroristas, una nación aun más sometida a bandas de narcos extranjeros y chilenos, de delincuentes dueños de la calles, los barrios y las ciudades? ¿Habrá una conmoción mundial de tal envergadura que el cuadro cambie en todos los sentidos y de modos absolutamente imprevisibles? ¿Una guerra más, ahora una con armas nucleares o acaso la llegada de los extraterrestres o la caída de un devastador aerolito o la explosión catastrófica de uno o más súper volcanes?

Esperaremos, como usted, a ver qué pasa. Será material para un próximo libro.

Santiago, 29 septiembre 2022– 29 marzo 2023

Printed in Germany
by Amazon Distribution
GmbH, Leipzig

31304366R00117